# INNSBRUCK
## und Umgebung

Wandererlebnis
Wege • Hütten • Orte

**A-6040 Innsbruck/Rum**
**2. Auflage, 1992**

Redaktion, Texte und Touren-Tips: Dr. Helmut Teutsch
Wir danken den Tourismusverbänden für die freundliche Unterstützung bei der Beschaffung von Unterlagen.

Da die Angaben eines Wanderführers in der heute so schnellebigen Zeit fast ständig Veränderungen unterworfen sind, kann trotz sorgfältiger Bearbeitung für die Richtigkeit keine absolute Gewähr übernommen werden. Auch lehrt die Erfahrung, daß Irrtümer nie ganz zu vermeiden sind. Für Berichtigungen und Verbesserungsvorschläge ist die Redaktion daher stets dankbar.

Korrekturhinweise bitte an folgende Anschrift:
Fleischmann & Mair GmbH, Kaplanstraße 2, A-6040 Innsbruck/Rum, oder an
Heinz Fleischmann GmbH und Co, Nymphenburger Straße 47, D-8000 München 2.

Bildnachweis:
Titelbild:
Kapelle bei Geroldsbach/Götzens mit Blick auf Hechenberg und Kleinen Solstein, 2.633 m (Haas)
Rückseite:
Münzturm in Hall (Foto Hagner), Margerite (Foto Hagner)
Bleicher S. 94; Gemeinde Völs S. 64; Haas S. 6, S. 14, S. 22, S. 36, S. 47, S. 68/69; Oberarzbacher S. 12, S. 13, S. 43, S. 101; Randolf S. 112; Schaber S. 77, S. 83; Dr. Teutsch S. 32, S. 86/87, S. 93, S. 97, S. 109; Tourismusverband Patsch S. 16/17; Veit S. 57, S. 60, S. 74; Dr. Wagner S. 9, S. 55, S. 80, S. 113.

ISBN 3-87051-314-4
Verlagsnummer 908

## Vorwort

Die landschaftlichen Gegensätze der Umgebung Innsbrucks, ruhige, erholsame Täler, ausgedehnte Wälder und heller Kalkfels, haben schon seit Jahrhunderten den Durchreisenden zum Bleiben aufgefordert. Diesem erschließen sich beim Wandern und Bergsteigen die Schönheiten der Tiroler Bergwelt, zu denen das vorliegende Büchlein Hinweise, Tips und Anregungen vermitteln möchte.
Seit die Aktion »Wanderbares Österreich« mit Erfolg für gesunde Bewegung in freier Natur wirbt, nehmen die gut instand gehaltenen Wege und guten Beschilderungen immer mehr zu. Dabei gehen nicht nur die alten Fremdenverkehrsorte und Sommerfrischen wie Seefeld und Leutasch führend voran, sondern auch zahlreiche, kleinere Gemeinden, wie Sellrain und die Orte am Mittelgebirge.
Die 70 Wanderungen stellen großteils Tagesausflüge in die Umgebung Innsbrucks und Seefelds sowie in das Stubai- und Sellraintal vor, die vom Autor begangen wurden, wobei nur die schönsten Routen in die engere Auswahl miteinbezogen wurden. So reicht die Palette von kleinen Spaziergängen in der Leutasch bis zur Hochtour auf die Vordere Grubenwand im Gleirschtal, von Touren am Hang der Nordkette bis zur Besteigung des Wahrzeichens Innsbrucks, der Serles.
Talschaftsskizzen, genaue Routenbeschreibungen, übersichtliche Wegprofile und der auf Kärtchen dargestellte Wegverlauf helfen bei der Tourenplanung und erleichtern das Zurechtfinden im Gelände.
Die kurzgefaßten Ortsbeschreibungen, die Hinweise auf Sehenswürdigkeiten und zahlreiche Farbfotos ergänzen die ausgewählten Routen.
Die Routenvorschläge verstehen sich nur als Anregungen, denn, wie oft sind einem bei Ausflügen diese oder jene Ziele als interessant erschienen, hat man Abstecher oder Varianten eingelegt und nach dem individuellen Geschmack gestaltet. Wer weitere Ausflugsmöglichkeiten im reichen Wegangebot Tirols sucht, sei auf die KOMPASS-Wanderbuchreihe verwiesen. Allen liegt die Beschreibung eines Urlaubsgebietes zugrunde, z. B. das Außerfern, Stubaital – Wipptal, Ötztal – Pitztal, Karwendel – Rofan oder Kitzbüheler Alpen.
Den unzähligen Bergfreunden und Sommergästen möge daher dieses Büchlein ein willkommener Begleiter sein, der vor und nach der Tour informiert und auf neue Wanderziele im Bergland Tirol aufmerksam macht.

Hannes Gasser
Leiter der Alpinschule Innsbruck

## INHALTSVERZEICHNIS

## Innsbruck und Umgebung

Die Stadt Innsbruck vereinigt zahlreiche Vorzüge, die den Urlaubsgast und den Besucher zu einem längeren Aufenthalt veranlassen. Von den Zeugen einer reichen kulturhistorischen Vergangenheit bis zur großartigen Gebirgskulisse reicht der weitgespannte Bogen, der sowohl den Sommer- als auch den Wintergast wiederholt in Erstaunen und Begeisterung versetzt. Wer länger in Innsbruck weilt, in einem der gastfreundlichen Orte am Mittelgebirge oder in einem der stillen Gebirgstäler seinen Urlaub verbringt, wird die in diesem Wanderbuch beschriebenen Ausflüge zu schätzen wissen.
Seefeld – mit diesem Namen verbinden sich sanfte Landschaftsformen, in die ruhige Bergseen eingegliedert sind, ausgedehnte Wälder, ein hervorragendes Wanderwegenetz, zahlreiche Freizeiteinrichtungen und ein heilsames Höhenreizklima. Etwa 600 Meter über dem Inntal breitet sich hier eine Landschaft aus, die vorwiegend durch die Einflüsse der Eiszeit ihr Aussehen erhalten hat. Der mächtige Inntalgletscher hat sich, Aussagen bekannter Glaziologen (A. Penk u. a.) zufolge, geteilt, wobei ein Ast die etwa zehn Kilometer breite, geologisch vorgezeichnete Senke zwischen dem Karwendel- und dem Wettersteingebirge durchfloß. Nach dem Rückgang der Vereisung blieben Grundmoränendecken zurück, Rundhöcker, ausgeschürfte Wannen, in denen sich in späterer Zeit Hochmoore ansiedelten.
Diese natürliche Paßlandschaft wurde in der Römerzeit genutzt, um Waren von Augsburg über den Brenner bis nach Venedig zu transportieren. Zur ersten Siedlungsnahme kam es allerdings erst im achten Jahrhundert, als in Klais ein Kloster gegründet wurde, das nur kurzen Bestand hatte. Es dauerte noch weitere vier Jahrhunderte, ehe – wie man heute durch die deutsche Namensgebung festgestellt hat – eine feste Ansiedlung in Seefeld gegründet wurde. Durch den Bau der Karwendelbahn, die 1912 fertiggestellt wurde, erhielt Seefeld entscheidende Impulse für das landwirtschaftliche und wirtschaftliche Leben. Mit dem Bau der Bahn kamen aber auch die ersten Gäste zum Urlaub und zur Erholung nach Seefeld. Später hat Seefeld besonders durch das Angebot im Wintersport Weltgeltung erlangt, wozu auch die Langlauf- und Skisprungbewerbe während der Olympischen Winterspiele 1964 und 1976 und die Austragung der Nordischen Skiweltmeisterschaften im Jahr 1985 erheblich beigetragen haben.

### Geologie

Die Umgebung Innsbrucks wird durch das Vorkommen grundverschiedener Gesteinsformationen landschaftlich gestaltet. Über der Stadt erhebt sich die Nordkette (höchste Erhebung ist der Kleine Solstein, 2.633 m), die zum Karwendelgebirge und damit zu den Nördlichen Kalkalpen zählt. Auf der Inntaldecke aufgebaut, erhebt sich der hellgraue Hauptdolomit. Die Wasserdurchlässigkeit des Gesteins kommt der Stadt zugute, denn das Trinkwasser bezieht Innsbruck großteils aus dem Kalkgebirge. Gleichsam zu Füßen der Nordkette dehnt sich eine Terrassenlandschaft aus, die von der Hungerburg bis Gnaden-

◀ Romediuskirchl oberhalb von Thaur

wald reicht. In diese sind neben Schotter auch Tonablagerungen aus der Zwischeneiszeit eingeschlossen. Das sich so ergebende Landschaftsbild wird durch mehrere Schwemmkegel aufgelockert, wie die Thaurer und Rumer Mure und den breiten Haller Schwemmkegel, auf denen sich Ortschaften entwickelten, da die Inntalsohle bis in das 19. Jahrhundert Auland aufwies. Auch die Stadt Innsbruck wurde auf einem Schwemmkegel errichtet, der den Inn an die nördliche Talseite abdrängte: Der Sillschwemmkegel, dessen Rand im Gebiet Amras und nahe der Universitätsklinik gut erkennbar ist. Südlich der Stadt erhebt sich das sogenannte »Mittelgebirge«, eine Terrasse, die etwa 300 Meter über der Inntalsohle liegt.

Die östliche Seite des Mittelgebirges liegt am Rand der Tuxer Voralpen. Waldreiche Hänge mit Almen gliedern das den Schieferalpen zuzuzählende Gebiet, in dem unberührte Täler für die Entwässerung zum Wipptal hin sorgen. Hauptort am östlichen Mittelgebirge ist der alte Kurort Igls, dessen Villen großteils im 19. Jahrhundert entstanden. Der Ort Tulfes, eine bäuerlich geprägte Ansiedlung, hat besonders im Winter Hochbetrieb, denn die Glungezerbahnen erschließen bedeutende Skiabfahrten. Im Sommer ist Tulfes als stiller Erholungsort bekannt, in dessen Umgebung der landschaftlich interessante »Zirbenweg« (von der Tulfeinalm zum Patscherkofel, Naturschutzgebiet!) ein Juwel darstellt. Auch das Volder- und Wattental bleiben dem Wanderer vorbehalten.

Wie auf der östlichen Seite des Mittelgebirges, so gibt es auf seiner Fortsetzung jenseits des Wipptals sportlich orientierte Orte. Axams ist ja aufgrund der Durchführung der alpinen Bewerbe während der Olympischen Winterspiele bekannt. Am Rand der Kalkkögel bietet sich dort eine andere Seite der Geologie: Das Brennermesozoikum – Kalkgipfel, die auf dem Urgesteinssockel ruhen – erstreckt sich längs des Wipptales bis auf die Südtiroler Seite. Immerhin erreichen die Kalkkögel (eines der beliebtesten Innsbrucker Klettergebiete) in der Schlicker Seespitze 2.804 Meter Seehöhe. Die Kalkkögel sind von allen Seiten von Almgebieten umgeben. Auf der Kemater Alm dominieren weite Almwiesen, über denen senkrechte Wände gegen den Himmel streben. Auch das Fotscher Tal, ein Arm des Sellraintals, führt durch waldreiches Gelände zu Almen, die allerdings, im Urgestein gelegen, eine andersartig gestaltete Gebirgsumrahmung aufweisen. In diesem Randgebiet der Stubaier Alpen (das auch nach dem Tal »Sellrainer Berge« genannt wird) dominieren je nach Feldspatanteil fester Gneis oder Glimmerschiefer.

**Siedlungsgeschichte**

Das Inntal bot aufgrund seiner günstigen verkehrsgeographischen Lage schon in frühester Zeit beste Voraussetzungen für eine Besiedlung. Hier biegt die Brennerstraße, seit alters ein vielbegangener Völker- und Handelsweg, aus dem Süden durch das Wipptal kommend in das Inntal ein, um sich einerseits über die Seefelder Senke nach München, andererseits durch das Unterinntal gegen Kufstein hin zu gabeln. Schon in der Bronzezeit waren die geschützten Terrassen rings um den Talkessel von einer Völkergruppe der rätischen Illyrer besiedelt (Funde von Urnengräberfeldern im Bereich des heutigen Wiltener Friedhofes und von Mauerresten einer rätischen Siedlung am sogenannten Seebichl bei Vill u. a. m.). Zahlreiche Dorfnamen in Innsbrucks Umgebung, wie Aldrans, Igls oder Vill, gehen auf jene uralte Besiedlung zurück. Zur Zeit der gewaltsamen Ausdehnung des Römischen Reiches unter Drusus und Tiberius (15. v. Chr.) kam Innsbruck als Durchzugsgebiet große Bedeutung zu. Mit der Errichtung einer Straße, der Via Claudia Augusta, die zunächst über den Reschen-Scheideck-, später auch über den Brennerpaß führte, war eine unmittelbare Verbindung in das nördliche Alpenvorland gegeben.

Blick über Innsbruck auf die Nordkette

Im Zuge der Völkerwanderung, die der Römerherrschaft im Bereich des heutigen Tirol ein Ende setzte, kamen in der zweiten Hälfte des sechsten Jahrhunderts die Bajuwaren unter anderem auch in das Inntalgebiet, das ein Teil des bayerischen Siedlungsraumes und des bayerischen Stammesherzogtums wurde. Um das Jahr 1000 begann jedoch schon die Verselbständigung der Tiroler Alpentäler. Die Ursache hierfür lag wieder in der Bedeutung der Brennerstraße. Die deutschen Kaiser

entzogen den bayerischen Herzögen das strategisch wichtige Bergland, weil jene sich allzu oft an die Seite ihrer Gegner gestellt hatten und übertrugen es den Bischöfen von Brixen. Diese ihrerseits übergaben die einzelnen Talschaften verschiedenen Grafengeschlechtern zu Lehen. So kam das Inntal an die Grafen von Andechs, der Vinschgau und das Eisacktal an die Grafen von Tirol. Von letzteren bekam das Land seinen Namen und das Wappen mit dem roten Adler auf weißem Feld. Die Grafen von Andechs wiederum machten das Gebiet um Innsbruck zum Zentrum ihres Herrschaftsbereiches und legten somit den Grundstein für die heutige Stadt. Innsbruck, das zwar schon im 12. Jahrhundert als städtisches Gemeinwesen bestand, bekam allerdings erst seit dem 15. Jahrhundert, als die habsburgischen Landesherrn ihre Residenz von Meran hierher verlegten, größere Bedeutung. Kaiser Maximilian I. machte die Stadt zum Zentrum seiner neuen Finanz- und Verwaltungspolitik und zum Mittelpunkt seiner künstlerischen Bestrebungen. Ein entscheidender Vorteil für die Stadt war auch die Nähe der nun rasch aufblühenden Bergwerke in Hall und Schwaz. Auch unter Maximilians Nachfolgern wurde in Innsbruck eine kunstfreudige aufwendige Hofhaltung geführt. Innsbrucks kunstgeschichtlicher Charakter wurde von diesen Verhältnissen geprägt und das Bild der Stadt und ihrer Umgebung ist auch von den Bauten jener wirtschaftlich blühenden Zeit beeinflußt, der Spätgotik und dem Barock. Die Stadt blieb dauernd im Strom der Entwicklung und wuchs vom 16. bis zum 18. Jahrhundert stetig an. Die technischen und wirtschaftlichen Umwälzungen im 19. und 20. Jahrhundert (Bau von Eisenbahnen und Industrien) stellten auch an Innsbruck unabweisbare Forderungen und hatten ein rasches Anwachsen der Bevölkerung und des Stadtgebietes zur Folge.
Ausgehend vom Schloß Ambras (von Ferdinand II. für Philippine Welser errichtet), erfolgte die Gründung der Ortschaft Amras. Die typisch ländliche Siedlungsstruktur läßt sich an der lockeren Gruppierung landwirtschaftlicher Gebäude und Wohnhäuser um ein Zentrum (Kirche, Schule) erkennen. Neben den heute vereinzelt noch landwirtschaftlichen Zwecken dienenden Gehöften haben ehemalige Bauernhäuser — in Anlehnung an den stadtnahen Bereich — einen enormen Formenwandel durchgemacht. So entstanden Industriefilialen, Hotels und Freizeiteinrichtungen. Mit der Eingemeindung des Ortes Amras im Jahr 1938 verschwand auch die zentrale Funktion des Dorfes; andererseits zogen Familien in die Neubauten im stadtnahen Bereich.
Ganz im Gegensatz zur dörflichen Struktur der Ortschaften in der Umgebung steht das Olympische Dorf (Bauten für die Olympiaden 1964 und 1976), dessen Hochhäuser dem von Osten durch das Inntal Anreisenden auffallen. Daß dieses Gebiet erst relativ spät wohnbaulichen Zwecken zugänglich gemacht wurde, liegt darin, daß die Trockenlegung der Innauen erst im 19. Jahrhundert erfolgte. Durch den Bau der Eisenbahn 1854 wurden diese Maßnahmen erforderlich, doch noch heute weisen Namen wie Thaurer und Rumer Au oder Ulfis-Wiesen auf die damalige Sumpflandschaft entlang des Inns hin. Noch jünger als die

Neubauten des Olympischen Dorfes sind die Wohngebiete im Westen der Stadt.
Die Handels- und Gewerbemöglichkeiten in den vergangenen Jahrhunderten wirken sich noch heute nachhaltig auf das Stadtbild aus.: Am Mühlauer Bach (unweit der Hungerburg-Talstation) entwickelten sich handwerkliche Betriebe, die heute, zu größeren Betrieben ausgeweitet, bekannte Firmennamen wiedergeben: Rauchmehl, Weyrer Loden usw.
Nähert man sich dem Stadtkern, so fallen dem Besucher die Villen des Stadtteils Saggen auf, die in der zweiten Hälfte des 19. Jahrhunderts erbaut wurden. In der selben Zeit wurde auch die Hungerburg als Villenregion für Innsbrucker Zweitwohnungen erschlossen.
Kern der Stadt Innsbruck ist die Maria-Theresien-Straße, die ehemals zur Vorstadt zählte, und heute zusammen mit der Museumsstraße die Hauptgeschäftszone der Innenstadt darstellt. Im Mittelalter waren der Burggraben und Stadtgraben bereits die Grenze des Städtchens. Die hohen Gebäude, denen als Schutz gegen Erdbeben Stützmauern beigegeben wurden, erfüllten damals zugleich die Funktion der Stadtmauer. Nachdem der ehemalige Stadtgraben zugeschüttet wurde, errichtete man davor eine Reihe niedriger Geschäftsvorbauten. Die Innsbrucker Altstadt zählt zum Typus der »Inn-Salzach-Städte«, deren Merkmale gotische Blendfassaden, Grabendächer, Erker, Laubengänge und Gewölbe sind.
Da sich das Stadtgebiet über die Nordkette hinaus erstreckt, zählt die Fläche Innsbrucks 105 Quadratkilometer, davon entfallen 31% auf alpines Ödland, 36% auf Wald, 23% auf landwirtschaftlich genutzte Fläche und 10% auf verbaute Fläche. Auch die Bevölkerungsentwicklung Innsbrucks kann durch Zahlen wiedergegeben werden: 13. Jahrhundert 1.200, 1900 27.000, 1971 115.200 und 1991 129.700 Einwohner.

## Fauna und Flora

Der Frühaufsteher und Wanderer, der lange Anmarschwege nicht scheut, wird in den hinteren Tälern des Sellraintales eine vielfältige Tierwelt vorfinden. Rotwild, Hasen, Schneehuhn, Auer- und Birkwild (sehr selten) und vereinzelt Greifvögel haben hier ihr Revier. Ein einzigartiges Erlebnis bietet sich an den Hängen der Solsteine: Nach dem 2. Weltkrieg wurden mehrere Exemplare des Steinbocks angesiedelt, die im Tiroler Raum nirgends mehr anzutreffen waren. Aus diesen entstand eine heute ansehnliche Kolonie. Oberhalb der Waldgrenze begegnet man immer wieder dem Schneehuhn und wer oft im Karwendel unterwegs ist, kennt die Gamsrudel, die sich z. B. im Halltal aufhalten und in nächster Nähe die Schutthalden wechseln. Die umfassendste Übersicht der alpinen Tierwelt erhält man im Alpenzoo in Innsbruck.
Die Verbreitung der Pflanzenwelt hängt im Raum Innsbruck – Seefeld vom Gesteinsuntergrund ab. Im Kalk sind Legföhren weit verbreitet. Heute dienen sie nicht nur zur Wiederbegrünung von Lawinenstrichen, sondern auch zur Gewinnung von Latschenkiefernöl. An den Hängen

Huderbankspitze, 2.318 m, im Karwendel

des Karwendels (Naturschutzgebiet!) begegnen wir im Frühjahr dem echten Alpenglöckchen, Schlüsselblumen, Leberblümchen, Veilchen, Seidelbast und dem in Felsritzen Halt suchenden Felsenaurikel (Platenigl). Erfreulich bieten sich auf der anderen Seite, im Urgestein, die Felder mit Almrosen dar, deren Kontraste zum Kalkfels der Kalkkögel das Herz höher schlagen lassen. An der Baumgrenze trifft man im Gebiet der Tuxer Voralpen die wetterbeständige Zirbe an. Die schönsten Bestände sind in der Wattener Lizum verbreitet, wo der »Zirbenweg« vom Lager Walchen zur Lizumer Hütte emporführt. Den gleichen Namen erhielt der Höhenweg zwischen dem Patscherkofel und der Tulfeinalm (Naturschutzgebiet!) an dem auch die Funktion der Zirbe im Kampfwald anhand von ausführlichen Tafeln erläutert wird.
Der Großteil der Alpenpflanzen steht unter strengem Naturschutz. Durch diese Maßnahme wird die Welt der Gebirgsblumen erhalten und erfreut jeden Wanderer, der die Stille, Unberührtheit und Erholung in den Bergen zu genießen weiß.

## Innsbruck und Umgebung – ein Ziel zu jeder Jahreszeit

Wandern, Bergsteigen, Skilaufen und kulturelle Angebote ergänzen einander im Jahresablauf. Und ein besonderer Vorteil: Wenn es einmal regnet, kann man in Innsbrucks Innenstadt unter den Lauben bummeln. Durch den Einfluß des Südföhns wird der Bann des Winters gebrochen und das Erwachen der Natur im Inntal beschleunigt. Auf der sonnigen Terrasse des Gnadenwalds beginnt schon im März die Wanderzeit. Mit dem Ausapern der Hänge an der Nordkette, wenn die Felszeichnung des Falkenjägers an der Rumer Spitze sichtbar wird, sind die Firngleiter unterwegs. In der Arzler Scharte oder am Stempeljoch trifft man am Wochenende zahlreiche »Figler«, die die letzten Schneereste für Steilabfahrten zu nutzen wissen. Zur selben Zeit überziehen weite Blumenwiesen das Mittelgebirge und das vordere Stubaital. Gerade jetzt ist die Fahrt mit der Stubaitalbahn ein einzigartiges Erlebnis.

Serles, 2.717 m, vom Stubaital aus

Die Sommerzeit lockt jedes Jahr Gäste aus aller Herren Länder in das Land im Gebirge. Wer Zeit hat, die Bergwelt im Sellraintal, um Innsbruck und Seefeld kennenzulernen, sollte den Besuch des Kühtais, des Hafelekars, des Patscherkofels oder des Seefelder Jochs nicht versäumen. Auch ein Badetag am Möserer See, verbunden mit einer Rundfahrt über Seefeld nach Leutasch, gehört zu einem unvergeßlichen Erlebnis. Wer die Einsamkeit liebt, ist eingeladen, einen weiten Ausflug in das Fotscher Tal zu unternehmen, oder zum Westfalenhaus zu wandern, wo man aus nächster Nähe die Gletscher der Stubaier Alpen erleben kann. Unentwegte werden am Stubaier Gletscher dem Sommerskilauf frönen. Als kulturelle Abwechslung bieten die Amraser Schloßkonzerte, Brauchtumsabende oder Konzertveranstaltungen musikalische Genüsse.

Im Herbst, wenn der Besucherstrom nachläßt, beginnt die Saison im Karwendelgebirge. Leuchtende Lärchenwälder, tiefblauer Himmel und Fernsicht vom Großglockner über die Dolomiten bis zur Bernina bieten dem Gipfelstürmer ungetrübte Freuden. Auch die Fahrt mit der Karwendelbahn von Innsbruck über Seefeld nach Mittenwald ist im Herbst von landschaftlicher Schönheit. In den Kalkkögeln genießt man beim Ausflug die letzten Sonnenstrahlen vor der Adolf-Pichler-Hütte, während die Tage immer kürzer werden.
Nach dem ersten Schneefall besteht oft schon Ende November die Möglichkeit zum Skilauf am Patscherkofel, während der Tourengeher die Grasberge im Sellrain vorzieht, wo frischer Pulverschnee stäubende Abfahrten verspricht. Für den Langläufer werden die Loipen in Seefeld-Leutasch und am Mieminger Plateau präpariert, die sich während der ganzen Wintersaison reger Beliebtheit erfreuen. Und wer nach dem Langlauf den Sprung in das geheizte Hallenbad wagt, wird diese Möglichkeit in Seefeld, Igls und Axams zu schätzen wissen. An den älteren Urlaubsgast, der Wanderungen auf geräumten Wegen durch die winterliche Pracht bevorzugt, ist allerorts gedacht, da Kurorte wie Igls und Seefeld diesem Wunsch in vermehrtem Maße Rechnung tragen. Und der Familienurlauber wird die Rodelwege zu den verschiedenen Almen (die meist bewirtschaftet sind) kennenlernen.

Innsbruck, Stadtteil Mariahilf

## Allgemeine Tips für Wanderungen und Bergtouren

Die im Wanderbuch beschriebenen Wanderungen erfordern vor allem im Kalk des Karwendels und der Kalkkögel besondere Vorsicht (Steinschlag) und Trittsicherheit. Auch bei Alm- und Talwanderungen muß auf ein gutes Schuhwerk geachtet werden (Schuhe mit Knöchelschutz). Auch bei kurzen Ausflügen darf der Regenschutz nicht fehlen. Bei längeren Unternehmungen sind Getränke – besonders im Karwendel – zur Mitnahme empfohlen, auch ist es wertvoll, sich vor dem Antritt der Tour über die Bewirtschaftung von Schutzhütten zu informieren. Außer der richtigen Ausrüstung (ein Pickel ist beim Queren von Altschneerinnen von unschätzbarem Wert) richtet sich die Wanderfreude auch nach der persönlichen Verfassung. Die Wanderapotheke wird hoffentlich ungebraucht im Rucksack bleiben, doch bei Abschürfungen sind eine desinfizierende Salbe und ein Hansaplast gewiß willkommen, wie auch ein paar Sicherheitsnadeln, falls der Hosenstoff beim Abstieg leiden sollte. Gegen die starke Sonnenstrahlung schützen am besten eine Kopfbedeckung, eine Sonnenbrille und ein Sonnenschutzmittel. Bei Unfällen ist die nächste Bergrettungsstelle zu verständigen. Ist direkte Hilfeanforderung unmöglich, kann durch das **alpine Notsignal** Hilfe herbeigeholt werden. **Hilfeanforderung:** 6 Signale pro Minute in Abständen von je 10 Sekunden, eine Minute Pause, wieder 6 Signale usw. **Antwort:** 3 Signale in einer Minute in Abständen von je 20 Sekunden, eine Minute Pause, dann wieder 3 Signale usw.
Die **Schwierigkeitseinteilung,** leicht – mittel – nur für Geübte, richtet sich **nicht** nach der Münchner Skala (von leicht bis äußerst schwierig), sondern wurde unter dem Gesichtspunkt der für einen durchschnittlichen Wanderer zu überwindenden Höhenmeter, der Schwierigkeit des Weges und der Einkehr- und Rastpunkte ausgewählt.

**Kennzeichnung der Schwierigkeit:**

- leichte Wanderung, auch für Kinder geeignet!
- mittelschwere Wanderung
- schwere Wanderung, nur für geübte Berggeher!

**Zeichenerklärung zu den Tourenprofilen:**

- Gasthaus, Unterkunftshaus
- Aussichtspunkt, Rundblick
- unbewirtschaftete Hütte, Unterstandsmöglichkeit
- Seilbahn
- Sessellift
- Bus
- Standseilbahn

## Innsbruck – Umgebung

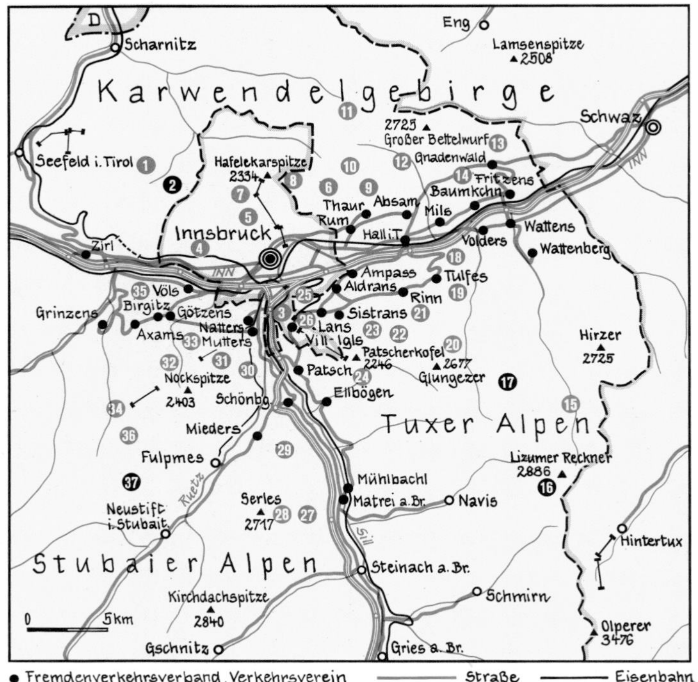


● Fremdenverkehrsverband, Verkehrsverein — Straße — Eisenbahn
Staatsgrenze — Bezirksgrenze und Stadtgrenze Innsbruck
(28) Lage der beschriebenen Wanderwege

Ganz im Gegensatz zu den einsamen Tälern des Karwendelgebirges stehen die bis in hohe Lagen hinauf besiedelten Täler westlich und östlich des Wipptals. Die Talschaft Innsbruck – Umgebung beschreibt daher Wanderungen und Bergtouren an den Hängen der Nordkette von Zirl bis Gnadenwald, am Mittelgebirge von Grinzens bis Tulfes sowie im Wattental.

Zusätzliche Routenbeschreibungen im Karwendel finden Sie im KOMPASS-Wanderbuch 907 »Karwendel – Rofan«; Touren im Stubaital und Wipptal im KOMPASS-Wanderbuch 906 »Stubaital – Wipptal«, erschienen im selben Verlag.

Die **Tuxer Voralpen** erreichen schon in nächster Nähe des Inntals große Höhen. Der Glungezer, 2.677 m, dessen Besteigung schon fast als hochalpin anzusprechen ist, ist neben dem Patscherkofel der bekannteste Berg dieser Gruppe. Das vielbesuchte Gebiet der Wattener Lizum ist gerade im Frühjahr ein Skitourengebiet, das seinesgleichen sucht.

Am südlichen Rand erhebt sich der höchste Gipfel der Tuxer Voralpen, die kühne Felsgestalt des Lizumer Reckners, 2.884 m. Ein besonderer Vorzug dieser Gebirgsgruppe ist neben den großzügigen Gratüberschreitungen die prachtvolle Aussicht auf die Zillertaler und Stubaier Alpen. Da der Kern der Tuxer Voralpen nur durch lange Täler (nur mit Pkw) erreichbar ist und kaum Lifte die stille Bergwelt erschließen, ist gute Kondition und Ausrüstung für die Besteigung der Gipfel notwendig. Dazu kommt noch, daß nur wenige Hütten in diesem Gebiet zur Verfügung stehen. Unschwer hingegen erreicht man mit dem Auto oder Bus die Axamer Lizum, die im Süden von den schroffen Felswänden der **Kalkkögel** umrahmt wird. Mit dem Sessellift aufs Birgitzköpfl erspart man sich eine gute Anstiegsstunde am Weg zur Nockspitze. Obwohl im Kalkgestein, führt der unschwierige Weg gemütlich übers Halsl und über Bergwiesen zum aussichtsreichen Gipfel (Sicht auf Innsbruck). Ein anderes Gesicht haben die Kalkkögel, wenn man durch das Senderstal zur Kemater Alm hinauffährt. Von der etwa 40 Minuten weiter gelegenen Adolf-Pichler-Hütte kann man den Anblick der hellen Felsen, die sich über den Almrosenwiesen erheben, stundenlang genießen. Auch vom Stubaital aus kommt man in dieses Dorado der Innsbrucker Kletterer: Entweder wandert man auf der Straße in die Schlick oder man genießt die Aussicht vom Sessellift aufs Kreuzjoch. Von hier kann man rund um den Burgstall wandern oder Geübte können die mit 2.804 Metern schon beachtlich hohe Schlicker Spitze erklimmen.

## Ortsbeschreibungen:

### ABSAM

Bezirk Innsbruck-Land, Seehöhe: 632 m, Einwohnerzahl: 5.400, Postleitzahl: A-6060. **Auskunft:** Tourismusverband Absam, Tel. 05223/3190. **Bahnstation:** Hall in Tirol (3 km); Busverbindung mit Hall und Innsbruck.

#### Sehenswert

Die **Pfarrkirche zum hl. Michael** ist eine dreischiffige spätgotische Hallenkirche, die im Innern 1780 umgestaltet wurde. Das Deckengemälde stammt von Josef Anton Zoller, ebenso das Hochaltarblatt mit dem hl. Michael. Am Triumphbogen das sog. Fiegerkreuz von 1492. Hinter dem rechten Nebenaltar gotische Fresken (1470). — Auf einem Hügel im Nordosten liegt Schloß Melans (seit Anfang des 19. Jh.s im Besitz der Innsbrucker Familie Riccabona), das zwar umgebaut wurde, aber noch eine 1516 geweihte Kapelle besitzt. — Im Dorf selbst befindet sich **Schloß Krippach.**

### ALDRANS

Bezirk Innsbruck-Land, Seehöhe: 760 m, Einwohnerzahl: 1.500, Postleitzahl: A-6071. **Auskunft:** Tourismusverband Aldrans, Tel. 0512/42457. **Bahnstation:** Innsbruck (3 km); Busverbindung mit Innsbruck.

#### Sehenswert

Das **Schloß Ambras** (2 km in Richtung Innsbruck) wurde erstmals im 10. Jh. urkundlich als Besitz der Grafen von Andechs erwähnt. 1564 bis 1567 baute Erzherzog Ferdinand II. das Gebäude unter Verwendung der alten Mauern im Renaissancestil um. Sehenswert ist der spanische

Saal, der 1570/71 von Johannes Lucchese erbaut wurde. Das Innere ist mit einer schönen Kassettendecke und mit 26 Bildnissen Tiroler Landesfürsten ausgestattet. Der Innenhof des Hochschlosses zeigt architektonische und figürliche Wandmalereien des Hofmalers Heinrich Teufel (1566/67). Die berühmte, von Erzherzog Ferdinand II. geschaffene »Ambraser Kunst- und Wunderkammer«, eine Sammlung von Harnischen Bildern, Waffen, zoologischen Raritäten und Kuriositäten kam später zum Teil nach Wien, der Rest kann noch besichtigt werden. – Die **Pfarrkirche zum hl. Martin** wurde 1426 geweiht, der Innenraum in der Barockzeit umgestaltet, beim Dorfbrand 1893 zerstört und wieder errichtet. 1965 wurde die Kirche renoviert und modernisiert. – Der **Brandhof** wurde 1579 zum Ansitz erhoben. Sehenswert in der Hauskapelle ist das Grabmal des Wilhelm Prantl von Hagenhill und dessen Gemahlin (Ende 16. Jh.).

## AMPASS

Bezirk Innsbruck-Land, Seehöhe: 651 m, Einwohnerzahl: 1.200, Postleitzahl: A-6060. **Auskunft:** Tourismusverband Ampaß, Tel. 0512/492690. **Bahnstation:** Innsbruck (5 km); Busverbindung mit Innsbruck.

### Sehenswert

Die **Pfarrkirche zum hl. Johannes** wurde erstmals 1426 geweiht, nach einem Brand erfolgte die Neuweihe im Jahre 1574. Nach Zerstörung durch Erdbeben Ende des 18. Jh.s barockisiert. Beachtenswert sind das Christophorusfresko an der Südseite des Chores aus der 1. Hälfte des 16. Jh.s und im Innern die Deckenbilder von Joh. Michael Strickner (1744). Haupt- und Seitenaltäre im Rokokostil. Am Hauptaltar bemerkenswerte Schnitzerei (Taufe Christi). – Oberhalb der Pfarrkirche einzelstehender **Glockenturm**, der 1739 erbaut wurde, um die für den Pfarrkirchturm zu schwere Glocke aufzunehmen. – Schöner Pfarrhof mit spätgotischem Portal und zierlichem Erker. – **Filialkirche zum hl. Veit** wurde 1521 geweiht. Sehenswerter spätgotischer Bau mit Nordturm. Haupt- und Nebenaltäre stammen aus dem 17. Jh. – An der Straße nach Hall steht die bedeutendste spätgotische Bildsäule Tirols, die **Viertlsäule.**

## AXAMS

Bezirk Innsbruck-Land, Seehöhe: 874 m, Einwohnerzahl: 3.850, Postleitzahl: A-6094. **Auskunft:** Tourismusverband Axams, Tel. 05234/8178. **Bahnstation:** Innsbruck (9 km); Busverbindung mit Innsbruck.
**Bergbahnen:** Skigebiet Axamer Lizum, Standseilbahn Hoadl, Sessel- und Schlepplifte.

### Sehenswert

**Geburtshaus** des österreichischen Dramatikers **Karl Schönherr** (1869 bis 1943). – **Axamer Lizum** (Ski- und Wandergebiet am Fuß der Kalkkögel). – **Wampelerreiten** (Faschingsbrauchtum). – Die **Pfarrkirche zum hl. Johannes d. T.** wurde 1214 urkundlich erwähnt. Der gotische Bau des 15. Jh.s, von dem nur noch der Nordturm erhalten ist, mußte dem jetzigen aus der Barockzeit (1734) weichen. Die Deckengemälde stammen von Josef Arnold 1841. Altäre und Einrichtung sind aus der Zeit um 1730. – Im Norden an die Kirche angebaut ist die **Kapelle zum hl. Michael.** Romanische Anlage im barocken Stil umgebaut. Wandmalereien aus dem Jahre 1633. – **Friedhofkapelle zur hl. Kummernus** (in die Erde gebaut). Der Legende nach sollte sie gegen ihren Willen einen heidnischen Fürsten heiraten. Wie durch ein Wunder wuchs ihr, um dieser Heirat zu entgehen, ein Bart. Sie starb den Märtyrertod am Kreuze. Der Bau stammt aus dem 17. Jh.

## BAUMKIRCHEN

Bezirk Innsbruck-Land, Seehöhe: 593 m, Einwohnerzahl: 900, Postleitzahl: A-6121. **Auskunft:** Tourismusverband Baumkirchen, Tel. 05224/52966. **Bahnstation:** Volders-Baumkirchen; Busverbindung mit Hall und Innsbruck.

### Sehenswert

Das **Schloß Wohlgemutsheim** wurde Ende des 15. Jahrhunderts erbaut und 1587 von Erzherzog-Ferdinand II. erworben. – H. Guarinoni erbaute um 1650 die **St.-Anna-Kapelle** beim ehemaligen Badhaus. – Die 1310 erstmals urkundlich erwähnte **Pfarrkirche zum hl. Laurentius** wurde mehrmals umgebaut.

## BIRGITZ

Bezirk Innsbruck-Land, Seehöhe: 859 m, Einwohnerzahl: 900, Postleitzahl: A-6091. **Auskunft:** Tourismusverband Birgitz, Tel. 05234/32384. **Bahnstation:** Innsbruck ( 8 km); Busverbindung mit Innsbruck.

### Sehenswert

1772 wurde die **Pfarrkirche Mariä Heimsuchung** in barocker Ausgestaltung erbaut. – Die sogenannte **»Hohe Birga«**, ein waldbestandener Hügel, war bereits vor rund 2000 Jahren von illyrischen Rätern besiedelt. Die reichen bronzezeitlichen Kleinfunde werden in der Birgitzer Volksschule ausgestellt.

## ELLBÖGEN

Bezirk Innsbruck-Land, Seehöhe: 1.071 m, Einwohnerzahl: 950, Postleitzahl: A-6082. **Auskunft:** Tourismusverband Ellbögen, Tel. 0512/770793. **Bahnstation:** Patsch (3 km) und Matrei (6 km); Busverbindung mit Igls und Innsbruck.

### Sehenswert

Gotische **Pfarrkirche zum hl. Petrus** (barock umgestaltet im 18. Jh.)

## FRITZENS

Bezirk Innsbruck-Land, Seehöhe: 591 m, Einwohnerzahl: 1.700, Postleitzahl: A-6122. **Auskunft:** Tourismusverband Fritzens, Tel. 05224/52419. **Bahnstation:** Fritzens-Wattens.

### Sehenswert

In nächster Nähe erhebt sich auf der Hochfläche des Gnadenwalds die gotische **Thierburg,** ein 1488 erbauter Ansitz, dessen Fischzuchtanlagen aus der Zeit Kaiser Maximilians I. stammen. – **Pfarrkirche zum Johannes d. T.** (1933).

## GNADENWALD

Bezirk Innsbruck-Land, Seehöhe: 890 m, Einwohnerzahl: 450, Postleitzahl: A-6060. **Auskunft:** Tourismusverband Gnadenwald, Tel. 05223/2511. **Bahnstation:** Hall i. T. (8 km); Busverbindung mit Hall.

### Sehenswert

In **St. Martin** Benefiziatkirche zum **hl. Martin,** die urkundlich schon 1337 erwähnt wurde. Im 15. Jh. befand sich hier bereits eine Einsiedelei, die um 1500 zu einem Kloster der »Waldschwestern« ausgebaut wurde. Nach einem Brand wurde die Kirche im 18. Jh. barockisiert. Im Innern schöne Fresken von Michael Ignaz Milldorfer (1743). – In **St. Michael** Pfarrkirche zum **hl. Michael,** die ebenfalls 1337 urkundlich erwähnt wurde. Im 18. Jh. wurde der Bau erneuert, 1825 verlängert. Die Kirche ist noch vorwiegend im gotischen Stil gebaut. Die Stukkaturen und Dekkenbilder im Innern sind von 1730. – Die **Speckbacherkapelle** wurde 1959 an der Stelle des Geburtshauses von Josef Speckbacher errichtet.

Gnadenwald, St. Michael mit Widum

## GÖTZENS

Bezirk Innsbruck-Land, Seehöhe: 868 m, Einwohnerzahl: 2.800, Postleitzahl: A-6091. **Auskunft:** Tourismusverband Götzens, Tel. 05234/32236. **Bahnstation:** Innsbruck (7 km); Busverbindung mit Innsbruck.

### Sehenswert

Die **Pfarrkirche St. Peter und Paul** ist eine der schönsten Landkirchen im deutschen Sprachraum und im Bau sowie in der Ausstattung das beste Beispiel für das Spätrokoko in Tirol. Sie wurde 1772–1775 vom Götzner Baumeister Franz Singer gebaut, wobei die ganze Bevölkerung von Götzens am Bau mitarbeitete. Die Deckenfresken im Inneren stammen vom Augsburger Matthäus Gündter. – **Theresienkirche** (am westl. Dorfausgang); ehem. altes romanisches Kirchlein (13. Jh.), das als Seelenkapelle benützt wurde. Fresko mit dem hl. Michael als Seelenwäger. 1927 kam es in den Besitz der Tertiarschwestern vom hl. Franziskus. – **Burg Vellenberg** am nördlichen Abhang des Mittelgebirges wurde 1232 erstmals urkundlich erwähnt. Herzog Friedrich von Tirol baute die Burg 1438 aus und verwendete sie als Kerker. Er hielt hier den berühmten Minnesänger Oswald von Wolkenstein, seinen erbitterten Gegner, gefangen. 1670 Zerstörung durch Erdbeben.

## GRINZENS

Bezirk Innsbruck-Land, Seehöhe: 928 m, Einwohnerzahl: 1.100, Postleitzahl: A-6094. **Auskunft:** Tourismusverband Grinzens, Tel. 05234/7350. **Bahnstation:** Innsbruck (9 km); Busverbindung mit Innsbruck.

### Sehenswert

**Pfarrkirche,** erbaut 1954.

## HALL IN TIROL

Bezirk Innsbruck-Land, Stadt, Seehöhe: 560 m, Einwohnerzahl: 12.900, Postleitzahl: A-6060. **Auskunft:** Tourismusverband Hall in Tirol, Tel. 05223/6269. **Bahnstation:** im Ort; Busverbindung mit Innsbruck, Schwaz-Jenbach, Tulfes und Gnadenwald.

### Geschichte

Die alte Salinenstadt Hall erstreckt sich auf dem zum Inn abfallenden Schwemmkegel des Weißenbachs, der seine Namensgebung der weißen Kalkgeschiebeführung bei Regen und Schmelzwasser verdankt. Bereits 1303 zur Stadt erhoben, war Hall im Mittelalter einer der bedeutendsten Handels- und Umschlagplätze Mitteleuropas. Der Salzbergbau und, damit verbunden die Innschiffahrt, spielten damals eine unübersehbare Rolle. Die vielhundertjährige Tradition des Salzabbaus (schon in der Römerzeit wurde auf der Salzstraße von Hall über Patsch, Schönberg, Brenner, Bozen dieses wertvolle Handelsgut im Austausch gegen südländische Waren nach Venedig gebracht) endete im Jahre 1967, als die Saline, wirtschaftlichen Erwägungen zufolge stillgelegt, und der Name »Solbad Hall« in »Hall in Tirol« umgeändert wurde. Allerdings weiß das heutige Stadtbild von diesen Zeiten manches zu berichten: Malerische Gäßchen mit sorgfältig gearbeiteten Wirtshaus- und Gewerbeschildern, prunkvolle historische Bauten mit Zinnengiebeln und Erkern im Stile der Inn-Salzach-Stadt werden von teils gut erhaltenen Resten der mittelalterlichen Stadtmauer umgeben. Besonders sehenswert sind viele, in den letzten Jahren renovierte Bauten in der Altstadt Halls. Von den Toren hat einzig und allein das Münztor die Zeiten überdauert. Ein Teil der herrlichen Altstadt ist nun zeitweise Fußgängerzone.

### Sehenswert

Am Oberen Stadtplatz befindet sich die **Pfarrkirche zum hl. Nikolaus,** eine spätgotische Hallenkirche, deren Inneres 1751 barockisiert wurde. Der erste Bau von 1281 wurde im Laufe der Jahrhunderte mehrfach umgebaut und erneuert. Mitte des 15. Jh.s wurde das nördliche Seitenschiff erweitert. Der Turm wurde nach einem Erdbeben 1670 barock aufgebaut. Die Westfassade mit ihrem durch Blendnischen gegliederten Treppengiebel ist typisch für die Hallenkirche Nordtirols aus jener Zeit. 1490 baute man an die Fassade die zweigeschossige Fieger'sche

Gedächtniskapelle an. Im Inneren (an der Nordwand) befinden sich ein Fresko mit Schmerzensmann, drei spätgotische Glasgemälde und ein Ölgemälde von M. Altomonte (18. Jh.). — In der **Magdalenakapelle** (östlich hinter der Pfarrkirche am ehemaligen Friedhof), die schon 1330 urkundlich erwähnt wurde, befinden sich schöne gotische Fresken. — Das **Rathaus** besteht aus zwei verschiedenen Baukörpern, im Osten aus einem Haus von 1536, das eine Kanzel zur Verkündigung der Ratsbeschlüsse aufweist und im Westen aus dem sogenannten »Königshaus«, das Herzog Leopold IV. 1406 der Stadt schenkte. Der Marmorepitaph im Hof ist eine Arbeit von Alexander Colin (1585). Das Rathaus beherbergt eine getäfelte Bürgerstube und den alten Rathaussaal. — Die **Salvatorkirche** stammt aus dem 14. Jh. und wurde am Ende des 19. Jh.s in neugotischem Stil umgebaut. Sehenswert sind im Innern das Fresko mit dem Jüngsten Gericht (an der Chorwand) und an den Pfeilern die Brustbilder der Propheten (1406). Am rechten Seitenaltar ist eine Kreuzigungsgruppe (1520), am linken Seitenaltar die Madonna mit dem Kind (1500) dargestellt. — Die **Stiftskirche** wurde von Erzherzog Ferdinand II. für das von seiner Schwester gegründete Damenstift erbaut (Weihe 1570). Das Gotteshaus wurde 1691/92 erneuert und 1786 profaniert. 1912 wurde es für das von Erzherzog Franz Ferdinand gegründete Nonnenkloster wiederhergestellt. — Das **Stift**, ein dreigeschossiger Bau, besitzt einen schönen Arkadenhof aus dem 16. Jh. Östlich an das Stift grenzen die Gartenterrasse und das Sommerhaus der Stiftsdamen (1715/16). — In der Nähe des Unteren Stadtplatzes erhebt sich die ehemalige **landesfürstliche Burg Hasegg**, die Erzherzog Ferdinand II. 1567 als Münzstätte einrichtete. Der Besucher hat die Möglichkeit, sich eigenhändig eine Erinnerungsmünze zu prägen. Im ersten Stock befindet sich die von Niclas Thüring d. Ä. und Gregor Thüring erbaute Georgskapelle (1515). — Der **Münzturm,** der reizvollste Turm Tirols und das Wahrzeichen der Stadt Hall, bildete einst zusammen mit der Burg die südlichste Bastion der mittelalterlichen Stadtbefestigung. Schon in römischer Zeit stand hier ein Turm zum Schutz der Salzeinschiffung auf dem Inn. Der Münzturm wurde im 13. Jh. das erste Mal urkundlich erwähnt. — Den Unteren Stadtplatz schließt die Fassade des ehemaligen **Salinengebäudes** nach Süden hin ab. Das Salinengebäude ist eine alte Anlage, die zuletzt nach einem Brand von 1822 erneuert wurde. — Das **Stubenhaus** ist der Sitz der 1508 von Ritter Florian Waldauf gegründeten, heute noch bestehenden Haller Stubengesellschaft.

In das Stadtbild fügen sich mehrere Ansitze und geschmackvoll ausgeführte Bauten, wie die **Schneeburg** (Bruckergasse), der aus dem 15. Jh. stammende Ansitz **Rainegg** (Waldaufgasse) oder die gegenüber befindliche **Nagglburg,** deren äußerer Stiegenaufgang bemerkenswert ist. — Da Hall als Münzprägestätte, die 1477 von Meran in den Ansitz Sperberegg, 1567 nach Hasegg verlegt wurde (erste Großsilbermünze Europas), bekannt ist, verwundert es nicht, daß in der Burg Hasegg im **Stadtmuseum** der historischen Entwicklung der Münze besondere Aufmerksamkeit zuteil wird.

## IGLS – VILL

Bezirk Innsbruck-Stadt, Ortsteil der Stadtgemeinde Innsbruck, Seehöhe: 870 m, Postleitzahl: A-6080. **Auskunft:** Tourismusverband Igls, Tel. 0512/77101. **Bahnstation:** Innsbruck (5 km); Busverbindung mit Innsbruck, Endstation der Igler Bahn.
**Bergbahnen:** Patscherkofel-Seilbahn, 2 Sektionen, Sessel- und Schlepplifte.

### Sehenswert

Die **Pfarrkirche zu den hll. Aegidius und Martin** wurde 1286 erstmals urkundlich genannt. Ein 1479 geweihter Bau wurde um 1700 barockisiert. – Das ehemalige **Schloß Igls,** von dessen Altbestand nur mehr Reste vorhanden sind, wurde zu einem Hotel ausgebaut. – Am nordöstlichen Ortsausgang liegt **Schloß Hohenburg,** eine wahrscheinlich romanische Anlage, die im Laufe der Jahrhunderte stark verbaut wurde. Das Schloß war Besitz der jeweiligen Tiroler Landesfürsten. 1620 wurde es als Ruine bezeichnet und Ende des 19. Jh.s in der heutigen Gestalt wieder aufgebaut. – **Schloß Taxburg** war urkundlich (1542) im Besitz der Grafen Taxis. Das dazugehörige Lusthäuschen (Anfang 19. Jh.) ist noch erhalten. – Die **Wallfahrtskapelle Heiligwasser** (am Weg zum Patscherkofel) wurde 1665 geweiht. Die Stukkaturen im Innenraum sind aus der Zeit um 1720. Prof. Hans Andre schuf 1946 die Deckengemälde. Sehenswert am Hochaltar ist eine gotische Holzplastik aus dem 15. Jh. – Am sogenannten **Seebichl bei Vill** wurden Reste einer größeren bronzezeitlichen Siedlung der illyrischen Räter ausgegraben.

## INNSBRUCK

Bezirk Innsbruck-Stadt, Stadt, Seehöhe: 575 m, Einwohnerzahl: 129.700, Postleitzahl: A-6020. **Auskunft:** Tourismusverband Innsbruck, Tel. 0512/59850, Burggraben 3. **Bahnstation:** im Ort, Eisenbahnknotenpunkt der Linien München – Brenner und Salzburg – Arlberg, Ausgangspunkt der Karwendelbahn Innsbruck – Mittenwald – Reutte; Busverbindungen in das Oberinntal, Mittelgebirge, Brenner, Igls, Tulfes, Hall in Tirol, Unterinntal, Dörferlinie Mühlau, Arzl, Rum, Thaur, Absam.
**Bergbahnen:** Standseilbahn Hungerburg, Nordkettenbahn, Hungerburg-Seegrube, Hafelekar und Sessellift.

### Geschichte

Schon um die Zeit 1000 vor Christus war der Weg über den niedrigsten Alpenübergang begangen, sodaß die im ersten nachchristlichen Jahrhundert eindringenden Römer auch den Brenner als Zugang nutzten. Als Stützpunkt ihrer Straße wurde das Castrum Veldidena (im heutigen Stadtteil Wilten) errichtet. In der Nähe wurde das im 9. Jahrhundert erbaute Kloster 1138 von den Prämonstratensern erweitert. Etwa zur gleichen Zeit kam es zur Gründung einer Siedlung am Inn, für die die Grafen von Andechs verantwortlich zeichneten und die vornehmlich aus Einnahmen der Innschiffahrt lebte. Dies führte um 1200 zur Stadterhebung. Die günstige Lage machte sich Kaiser Maximilian I. um 1420 zunutze, als Innsbruck zur Residenzstadt aufblühte. Ferdinand II. wußte in der Folge namhafte europäische Künstler im Schloß Ambras um sich zu sammeln, sodaß damals der Ruf Innsbrucks als Kulturstadt bekannt wurde. Dies wurde durch die 1669 von Kaiser Leopold gegründete Universität bestätigt (heute studieren in Innsbruck etwa 25.000 Hörer). Unter Kaiserin Maria Theresia (1740–80) wurde die Hofburg erweitert, die auch heute noch sehenswert ist. 1809 schlugen die Tiroler unter den Helden Andreas Hofer und Speckbacher die napoleonischen Truppen wiederholt am Bergisel. Nach der Zerstörung durch die beiden Weltkriege erfolgte ein Wiederaufbau und eine Ausweitung der Stadt, deren Weltruhm besonders durch die Olympischen Spiele 1964 und 1976 in alle Länder hinausgetragen wurde.

### Sehenswert

**Domkirche** zum hl. Jakob (1717–1722). – **Hofkirche** mit Grabdenkmal (1553–1563) des in Wiener Neustadt bestatteten Kaisers Maximilian I. – Pfarrkirche Wilten (Basilika). – **Stiftskirche Wilten.** – Schloß Büchsenhausen (1539–1545). – **Helblinghaus** (Altstadt, um 1730). – **Hofburg** (1460 erbaut, mehrmals erweitert). – Schloß Mentlberg. – **Ottoburg.** – Altes Rathaus mit **Stadtturm** (1358). – Palais Taxis, Palais Trapp. – **Weiherburg** (mit nahem Alpenzoo). – **Bergisel.** – **Goldenes Dachl** (um 1500). – **Triumphpforte.** – **Botanischer Garten** – **Landesmuseum.** – **Hofgarten.** – **Zeughaus** (mit landeskundlichem Museum). – Nähere Hinweise erhalten Sie im KOMPASS-Stadtführer Innsbruck, Verlagsnummer 501.

## LANS

Bezirk Innsbruck-Land, Seehöhe: 867 m, Einwohnerzahl: 650, Postleitzahl: A-6072. **Auskunft:** Tourismusverband Lans, Tel. 0512/78178. **Bahnstation:** Innsbruck (7 km); Busverbindung mit Innsbruck.

### Sehenswert

**Mühlsee** und **Lanser See** mit nahe gelegenem Seerosenweiher (Naturschutz). – Aussichtspunkt Lanser Kopf. – Pfarrkirche (1457).

## MATREI AM BRENNER

Bezirk Innsbruck-Land, Seehöhe: 992 m, Einwohnerzahl: 1.000, Postleitzahl: A-6143. **Auskunft:** Tourismusverband Matrei, Mühlbachl und Pfons, Tel. 05273/6278. **Bahnstation:** im Ort; Busverbindung mit Innsbruck.

### Sehenswert

**Pfarrkirche Mariä Himmelfahrt,** 13. Jahrhundert, 1755 barockisiert, Deckengemälde; Gnadenbild »Unser Herr«. – **Johanneskirche,** gotisch. – **Schloß Trauson** im Norden des Ortes. – **St. Kathreinkirche,** 1.106 m, am Eingang zum Navistal, älteste Fresken Nordtirols (um 1330).

## MIEDERS

Bezirk Innsbruck-Land, Seehöhe: 952 m, Einwohnerzahl: 950, Postleitzahl: A-6142. **Auskunft:** Tourismusverband Mieders, Tel. 05225/2530. **Bahnstation:** Innsbruck (16 km); Busverbindung mit Innsbruck.
**Bergbahnen:** Sessel- und Schlepplifte.

### Sehenswert

**Pfarrkirche** »zu Unserer Lieben Frau«, nach einer Inschrift in der Kirche um 1320 erbaut, 1739 durch den Kirchenbaumeister Pfarrer Penz barockisiert. – **Kapelle am Kalvarienberg** mit Kriegerdenkmal.

## MILS

Bezirk Innsbruck-Land, Seehöhe: 605 m, Einwohnerzahl: 3.050, Postleitzahl: A-6060. **Auskunft:** Tourismusverband Mils, Tel. 05223/2320. **Bahnstation:** Hall in Tirol (3 km); Busverbindung mit Hall.

### Sehenswert

Die ursprünglich spätgotische **Kirche** brannte 1791 ab und wurde durch einen Neubau anfangs des 19. Jh.s ersetzt. – Im Friedhof steht die **Kapelle zur hl. Anna,** ein spätgotischer Bau, der eine sehenswerte Ölberggruppe aus dem Anfang des 16. Jh.s beherbergt. – Das **Schloß Schneeburg** wurde Ende des 16. Jh.s von Rupert von Schneeberg erbaut. Die Ausstattung des Inneren stammt teilweise aus dem Ende des 16. Jh.s und Anfang des 17. Jhs.

## MÜHLBACHL

Bezirk Innsbruck-Land, Seehöhe: 1.000 m, Einwohnerzahl: 1.300, Postleitzahl: A-6143. **Auskunft:** siehe unter Matrei am Brenner. **Bahnstation:** Matrei am Brenner (3 km).

### Sehenswert

1221 wurde das **Schloß Trautson** erwähnt, das sich in den Jahren 1360 bis 1778 im Besitz der Grafen Trautson befand. (Zerstörung im 2. Weltkrieg). – Wallfahrtsort **Maria Waldrast** (Mautstraße); 1.641 m.

## MUTTERS

Bezirk Innsbruck-Land, Seehöhe: 830 m, Einwohnerzahl: 1.600, Postleitzahl: A-6162. **Auskunft:** Tourismusverband Mutters, Tel. 0512/573744. **Bahnstation:** Innsbruck (8 km); Haltestelle der Stubaitalbahn.
**Bergbahnen:** Muttereralmbahn, Sessel- und Schlepplifte.

### Sehenswert

Die **Pfarrkirche zum hl. Nikolaus,** 1327 urkundlich erwähnt, wurde Mitte des 15. Jh.s im gotischen Stil erbaut. Zu Beginn des 16. Jh.s wurde das Kirchenschiff erweitert. Das Äußere stammt noch vorwiegend aus dieser Zeit, während der Innenraum Mitte des 18. Jh.s barockisiert wurde. – Das **Pfarrhaus** besitzt schöne Rokokodekorationen.

## NATTERS

Bezirk Innsbruck-Land, Seehöhe: 783 m, Einwohnerzahl: 1.600, Postleitzahl: A-6161. **Auskunft:** Tourismusverband Natters, Tel. 0512/581011. **Bahnstation:** Innsbruck (10 km), Haltestelle der Stubaitalbahn.

### Sehenswert

Die **Pfarrkirche zum hl. Michael** wurde im gotischen Stil erbaut. Der 49 m hohe Turm wurde im 18. Jh. barockisiert. Im Inneren befindet sich eine sehenswerte gotische Kreuzigungsgruppe am Hochaltar und das Marmorgrab der Barbara Fundin. Die Sonnenuhr am Kirchturm wurde vom berühmten Tiroler Kartographen Peter Anich (18. Jh.) entworfen. – Der **Ansitz Waidburg** war ehemaliger Besitz Herzog Sigmunds und wurde 1496 von Kaiser Maximilian als Jagdschloß verwendet. – Der Eichhof und die beiden Plumeshöfe sind **alte Einödhöfe,** die ins 13. bzw. 14. Jh. zurückgehen. – Naturdenkmal »Hirschlacke«.

## PATSCH

Bezirk Innsbruck-Land, Seehöhe: 998 m, Einwohnerzahl: 800, Postleitzahl: A-6082. **Auskunft:** Tourismusverband Patsch, Tel. 0512/77332. **Bahnstation:** im Ort; Busverbindung mit Igls und Innsbruck.

### Sehenswert

Die **Pfarrkirche zum hl. Donatus** wurde 1284 erstmals urkundlich genannt, der Bau wurde jedoch im 18. Jh. barockisiert. – Das **Hotel Grün-**

**walder Hof** war ehemals eine der ersten Stationen der von Janetto de Tassis errichteten Postlinie zur Verbindung der österreichischen Erblande mit Italien (15. Jh.). — **Europabrücke,** Höhe 190 m (höchste Brücke Europas), Spannweite 880 m. — **Europakapelle** (1963 von H. Prachensky, Fresken von K. Plattner).

## RINN

Bezirk Innsbruck-Land, Seehöhe: 918 m, Einwohnerzahl: 1.000, Postleitzahl: A-6074. **Auskunft:** Tourismusverband Rinn, Tel. 05223/8173. **Bahnstation:** Innsbruck (11 km); Busverbindung mit Innsbruck.

### Sehenswert

**Pfarrkirche zum hl. Andreas** (1776). — Wallfahrtskirche Judenstein, 1670 erbaut.

## RUM

Bezirk Innsbruck-Land, Seehöhe: 622 m, Einwohnerzahl: 7.800, Postleitzahl: A-6064. **Auskunft:** Tourismusverband Rum, Tel. 0512/62500 und 63235. **Bahnstation:** Innsbruck (5 km); Busverbindung mit Innsbruck und Hall. i. T.

### Sehenswert

Die **Benefiziatenkirche zum hl. Georg** wurde schon 1337 urkundlich erwähnt und ist ein gotischer Langbau mit dreiseitigem Chorabschluß. Am Triumphbogen hinter dem linken Seitenaltar befinden sich Freskenreste vom Ende des 15. Jh.s. — Das **Gemeindeamt-Gebäude** besitzt schöne Erker und Wandmalereien aus der Mitte des 18. Jh.s. — Das **Kaiserkreuz** oberhalb von Hochrum erinnert an den Aufenthalt der im Jahre 1848 aus Wien geflüchteten kaiserlichen Familie.

## SCHÖNBERG IM STUBAITAL

Bezirk Innsbruck-Land, Seehöhe: 1.013 m, Einwohnerzahl: 800, Postleitzahl: A-6141. **Auskunft:** Tourismusverband Schönberg, Tel. 05225/2567. **Bahnstation:** Innsbruck (14 km). Busverbindung mit Innsbruck.

### Sehenswert

Die **Pfarrkirche zum hl. Kreuz** wurde in der Mitte des 18. Jh.s errichtet. Im Inneren befinden sich schöne Deckenmalereien, am Hochaltar ein Kruzifix aus dem Jahre 1761. — Das **Pfarrhaus** wurde 1750 von Franz de Paula Penz erbaut.

## SISTRANS

Bezirk Innsbruck-Land, Seehöhe: 919 m, Einwohnerzahl: 1.100, Postleitzahl: A-6073. **Auskunft:** Tourismusverband Sistrans, Tel. 0512/78490. **Bahnstation:** Innsbruck (9 km); Busverbindung mit Innsbruck.

### Sehenswert

Spätrokokoaltäre (1790) in der **Pfarrkirche zur hl. Gertraud** (erweitert 1727).

## THAUR

Bezirk Innsbruck-Land, Seehöhe: 633 m, Einwohnerzahl: 3.000, Postleitzahl: A-6065. **Auskunft:** Gemeindeamt Thaur, Tel. 05223/7206. **Bahnstation:** Innsbruck (10 km); Busverbindung mit Hall und Innsbruck.

### Sehenswert

Die **Pfarrkirche Maria Himmelfahrt** wurde schon 1244 urkundlich erwähnt und stammt aus dem Ende des 15. Jh.s. Das Innere wurde in der Mitte des 18. Jh.s barockisiert. Sehenswert am Hochaltar sind die spätgotische, barock überarbeitete Holzplastik Madonna mit Kind, die zwölf Apostelstatuen sowie die Figuren an der Kanzel. Die Kirche besitzt zwei alte Glocken, eine von 1490, die andere von 1570. – Die **St. Ulrichskirche** gehörte zum ehemaligen Meierhof des Hochstiftes Augsburg. Es ist eine romanische Anlage, die gotisiert wurde. Im Inneren an der Apsis sind verschiedene spätgotische Fresken. Im Chor steht ein sehenswerter Flügelaltar aus der 2. Hälfte des 16. Jh.s. – Die **St. Vigiliuskirche** wurde 1643 von Beamten der Haller Saline erbaut. Der saalartige, flachgedeckte Innenraum ist mit Stukkaturen aus dem 17. Jh. und Gemälden aus dem 17. und 18. Jh. geschmückt. Die Seitenaltäre und Betstühle stammen aus dem 17. Jh. – Die **Wallfahrtskirche zum hl. Peter und hl. Paul** (Romediuskirchlein) liegt nördlich des Ortes auf dem sogenannten Schloßberg und wurde 1783 an der Stelle einer romanischen Doppelkapelle erbaut. Josef und Franz Giner malten die Deckenbilder im Innenraum einer zierlichen Rokokoanlage. – Nordwestlich des Ortes liegt die **Ruine Thaurer Schloß.** Nach dem Aussterben der ersten Besitzer, der Grafen von Andechs im Jahre 1248, kam das Schloß an die Grafen von Hirschberg, die größere Umbauten vornahmen. Später gelangte es in den Besitz der Grafen von Tirol und deren Nachfolger. Schon seit Ende des 17. Jh.s ist das Schloß Ruine. In früherer Zeit diente es als Gerichtsgebäude. – Das **Kirchlein St. Loretto** wurde von Erzherzog Ferdinand II. und dessen Gemahlin Anna Katharina Gonzaga gestiftet (1589). 15 Stationssäulen mit modernen Bildern führen entlang der Haller Straße zur Kirche.

## TULFES

Bezirk Innsbruck-Land, Seehöhe: 923 m, Einwohnerzahl: 1.000, Postleitzahl: A-6060. **Auskunft:** Tourismusverband Tulfes, Tel. 05223/8324. **Bahnstation:** Hall i. T. (7 km); Busverbindung mit Hall und Innsbruck.
**Bergbahnen:** Glungezerbahn, Sessel- und Schlepplifte.

### Sehenswert

Die **Pfarrkirche zu den hll. Thomas und Andreas** wird 1332 erstmals urkundlich erwähnt. Die jetzige spätgotische Kirche mit ihrem schmalen hochgiebeligen Schiff wurde in der 2. Hälfte des 18. Jh.s barockisiert. Die Deckenbilder und die drei Altäre stammen aus dem 18. Jh. An der südlichen Außenwand befindet sich ein Fresko mit dem hl. Christoph aus dem späten 16. Jh. In der Weihnachtszeit ist eine schöne Kirchenkrippe mit großen bekleideten Figuren aufgestellt.

## VÖLS

Bezirk Innsbruck-Land, Seehöhe: 592 m, Einwohnerzahl: 7.150, Postleitzahl: A-6176. **Auskunft:** Gemeindeamt Völs, Tel. 0512/303111. **Bahnstation:** im Ort; Busverbindung mit Innsbruck und Zirl.

### Sehenswert

Die **Pfarrkirche zum hl. Jodok und zur hl. Luzia** wurde 1494 urkundlich erwähnt. Ende des 18. Jh.s wurde die Kirche barockisiert. An der inneren rechten Chorwand ist noch der Rest eines Weltgerichtsfreskos vom Ende des 15. Jh.s zu sehen. Die Altäre stammen aus der Zeit um 1740, die Kanzel von 1790. – **Wallfahrtskirche St. Blasienberg.**

## VOLDERS

Bezirk Innsbruck-Land, Seehöhe: 558 m, Einwohnerzahl: 3.000, Postleitzahl: A-6111. **Auskunft:** Tourismusverband Volders, Tel. 05224/52771. **Bahnstation:** Volders-Baumkirchen; Busverbindung mit Innsbruck, Hall, Wattens und Schwaz.

### Sehenswert

Im Jahre 1957 wurde in Volders das größte **Brandgräberfeld** Tirols aus der Urnenfelderzeit (1000 v. Chr.) gefunden. – Westlich des Ortes, nächst der Innbrücke, steht das Servitenkloster mit Schule und **Kirche zum hl. Borromäus**, welche 1620 nach Plänen des berühmten Hofarztes Hippolytus Guarinoni aus Trient begonnen, aber erst 1682 eingeweiht wurde. 1765/66 wurde der Innenraum im Rokokostil umgeformt. – Südlich vom Ort steht das **Schloß Friedberg,** 1295 erstmals urkundlich erwähnt. Der Bergfried und der nordöstliche Teil des Wohntraktes stammen aus dem 13. Jh. Sein heutiges stattliches Aussehen erhielt das Schloß durch das Geschlecht der Fieger, dem es von 1491 bis 1802 gehörte. Seit 1845 ist es im Besitz der Grafen Trapp. – Das **Schloß Aschach,** oberhalb des Dorfes, brannte 1300 ab und wurde wieder neu aufgebaut. – An der Straße nach Tulfes liegt das **Kirchlein zum hl. Franz Borgias,** das 1677 unter dem Einfluß der Karlskirche entstanden ist.

## WATTENBERG

Bezirk Innsbruck-Land, Seehöhe: 1.100 m, Einwohnerzahl: 500, Postleitzahl: A-6112. **Auskunft:** Tourismusverband Wattens-Wattenberg, Tel. 05224/52904. **Bahnstation:** Wattens (3 km).

## WATTENS

Bezirk Innsbruck-Land, Seehöhe 564 m, Einwohnerzahl: 6.400, Postleitzahl: A-6112. **Auskunft:** Tourismusverband Wattens-Wattenberg, Tel. 05224/52904. **Bahnstation:** im Ort; Busverbindung mit Innsbruck und Schwaz.

### Sehenswert

Im **Heimatmuseum** sind die prähistorischen Funde von Himmelreich, Fritzens und Volders ausgestellt. – Spuren einer alten **Keltensiedlung** am Himmelreich. – **Pfarrkirche zum hl. Laurentius** (1810). – Gletschermühlen im Wattental beim Wasserfall.

## ZIRL

Bezirk Innsbruck-Land, Seehöhe: 622 m, Einwohnerzahl: 4.600, Postleitzahl: A-6170. **Auskunft:** Tourismusverband Zirl, Tel. 05238/2235. **Bahnstation:** im Ort; Busverbindung mit Innsbruck, Seefeld und Telfs.

### Sehenswert

Die **St. Martinskapelle** in Martinsbühel stammt aus romanischer Zeit und wurde im 15. Jh. umgebaut. Die Kapelle gehörte einst zum Jagdschloß Kaiser Maximilians I., von dem heute nur noch Ruinen vorhanden sind. – Die **Maximiliansgrotte** in der Martinswand erinnert an die wunderbare Errettung Kaiser Maximilians aus der Martinswand, in der er sich auf der Gemsjagd verstiegen hatte. – Die **Pfarrkirche zum hl. Kreuz** mit dem heutigen Bau aus der Mitte des 19. Jh.s ersetzt einen ursprünglich gotischen, von dem nur noch der Turm erhalten ist. – Die **Kalvarienbergkirche** (20 Gehminuten nordöstlich am Berghang gelegen) wurde 1803 bis 1805 erbaut. Im Inneren Rokokoaltar aus dem späten 18. Jh.

## Wanderungen und Bergtouren in Innsbrucks Umgebung

### ❶ **Bergtour:** Zirl – Solsteinhaus, 1.806 m – Erlspitze, 2.405 m

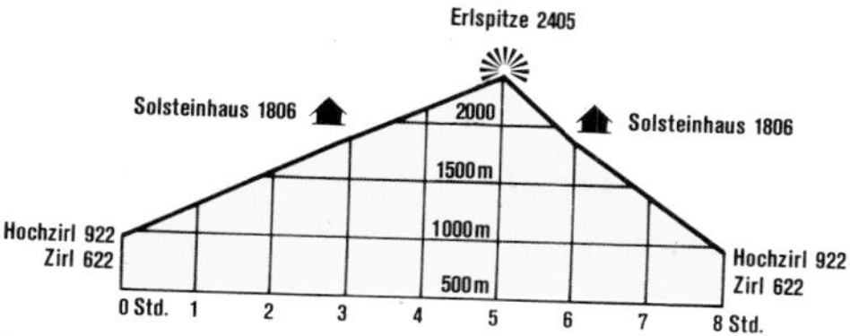


**Ausgangspunkt:** Zirl
**Parken:** im Ort
**Höhenunterschied:** 1.483 m
**Wanderzeit:** 8 Std.

**Schwierigkeitsgrad:** bis zur Hütte leicht! Gipfel nur für Geübte!
**Einkehr:** Solsteinhaus

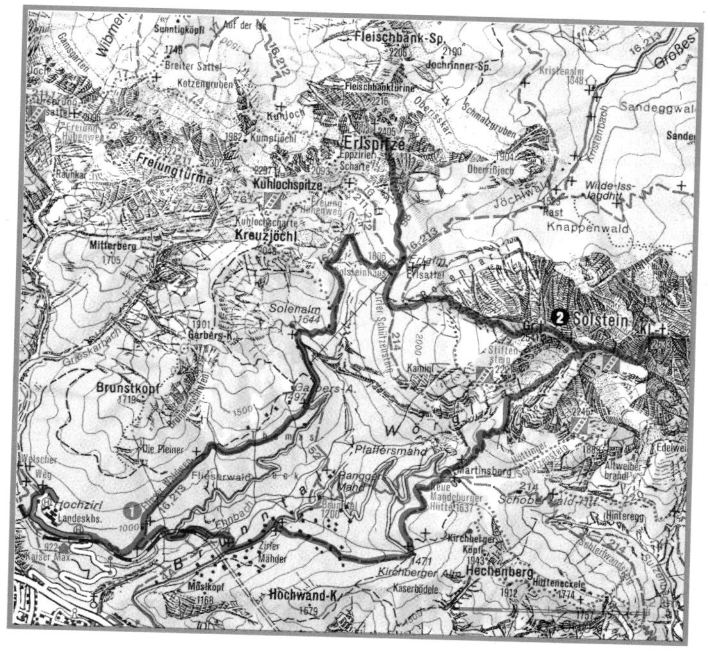


**Tourenverlauf:** Da bei der Haltestelle Hochzirl der Karwendelbahn nur beschränkte Parkmöglichkeit besteht, empfiehlt es sich, das Fahrzeug etwa 200 Meter in Richtung Hochzirl abzustellen (Parkplatz). Zur Haltestelle zurückgekehrt, folgen wir dem Weg zum Solsteinhaus, bis von rechts ein Steig einmündet. Dort wenden wir uns nach links und benützen den AV-Weg Nr. 213 für den Anstieg zur Garbersalm.

Bald erreichen wir die Fahrstraße (Fahrverbot) und kurz darauf die Talstation der Materialseilbahn zum Solsteinhaus. In mehreren Serpentinen gelangen wir zur Solnalm. Rechts durchqueren wir ein Waldstück, ehe es im Bogen nach Osten hinauf zum Solsteinhaus weitergeht, das wir nach dreistündiger Wanderung erreichen. Für die Besteigung der Erlspitze, 2.405 m, die nur geübten Berggehern anzuraten ist, rechnet man 2 Std. Dem Wegweiser hinter der Hütte folgend, steigen wir durch Latschenhänge steil bergan und erreichen den breiten Südkamm. Dort erleichtern Seilsicherungen den Gipfelzustieg. Der Abstieg folgt dem Anstiegsweg.

**2** **Zweitagestour:** Zirl — Solsteinhaus, 1.806 m — Großer Solstein, 2.541 m — Kleiner Solstein, 2.633 m — Neue Magdeburger Hütte, 1.637 m — Zirl

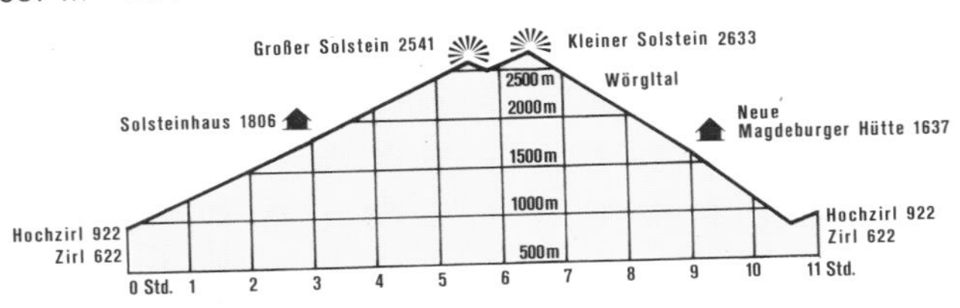


**Ausgangspunkt:** Hochzirl
**Parken:** Parkplatz bei der Karwendelbahn
**Höhenunterschied:** 1.710 m
**Wanderzeit:** 11 Std.

**Schwierigkeitsgrad:** nur für Geübte!
**Einkehr:** Solsteinhaus, Neue Magdeburger Hütte
**Karte:** siehe Seite 31

Hohe Warte, 2.596 m, Hintere Brandjochspitze, 2.599 m und Vordere Brandjochspitze, 2.559 m

**Tourenverlauf:** Wie bei der Bergtour Nr. 1 erreicht man das Solsteinhaus. Nördlich des Übergangs zur Neuen Magdeburger Hütte treten wir von der Wiese in eine Latschengasse, durch die es in zahlreichen Serpentinen höher geht. Oberhalb der Krummholzzone bieten sich wiederholt schöne Blicke hinunter zur Eppzirler Alm und in die steil abfallende Nordflanke des Großen Solsteins. Nach 2½stündigem Aufstieg erreichen wir die leicht besteigbare breite Kuppe des bekannten Aussichtsberges. Der Übergang zum Kleinen Solstein gestaltet sich etwas schwieriger. Über den Kamm geht es ostwärts in eine Senke und nun rechts etwa 50 Höhenmeter absteigend, bis man, verwaschenen Markierungen folgend, über ein Felsband durch eine Schlucht zum Gipfelaufbau des Kleinen Solsteins gelangt. Durch Schutt steigen wir weiter hinauf und zuletzt über festen Fels am Grat entlang zum kleinen Gipfel. Abstieg: Zwischen dem Großen und Kleinen Solstein führt ein Weg (Wegtafel) durch das Wörgltal hinunter zur Neuen Magdeburger Hütte und von dort geht es am besten am alten Weg (nicht der Straße entlang) nach Hochzirl (steiler Gegenanstieg aus dem Brunntal).

## 3 **Wanderung:** Innsbruck – Sillschlucht – Bergisel

**Ausgangspunkt:** Innsbruck
**Parken:** Endstation der Straßenbahnlinie 1 (Wilten)
**Höhenunterschied:** 200 m
**Wanderzeit:** 2 Std.
**Schwierigkeitsgrad:** leicht!
**Einkehr:** Bergisel, Bierstindl

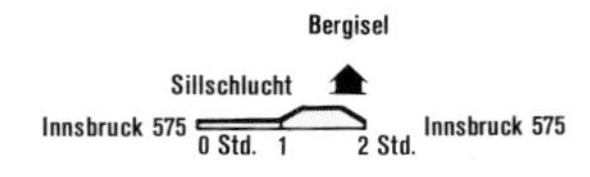


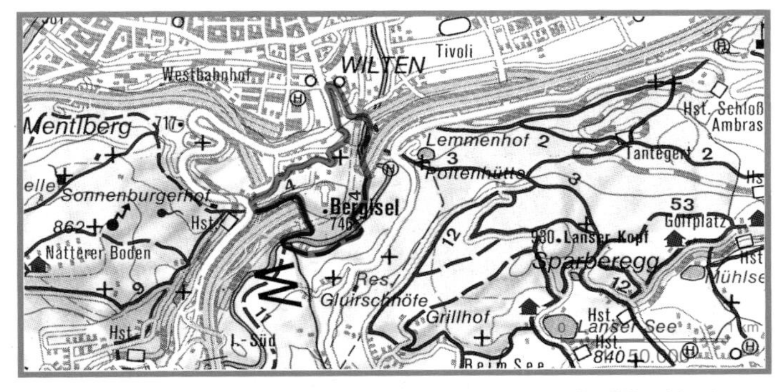


**Tourenverlauf:** Im Begehungsjahr Herbst 1991 war die Sillschlucht gesperrt! Von der Endstation der Straßenbahnlinie 1 in Wilten folgen wir etwa 100 Meter der Igler Bahn unter der Brennerbahn hindurch. Nach der Unterführung weist ein Schild zur Sillschlucht. Eng an den steilen Schieferhang gebaut, führt der Spazierweg oberhalb der Sill zur Talweitung unterhalb der Autobahnbrücke (Kinderspielplatz). Mehrere Bänke säumen den Weiterweg, der auf einer Brücke die Talseite wechselt. Nachdem man sich vom Sillufer etwas weiter entfernt hat, geht es kurz bergan (Wegweiser nach Igls). Dort zweigen wir rechts ab, gehen hinunter zur Sill und überqueren diese auf der Brücke. Durch schönen

Föhrenwald wandern wir in weiten Serpentinen aufwärts und spazieren über dem Tunnel der Autobahn hinüber zum Sonnenburger Hof. Rechts vom Parkplatz führt ein steiles Asphaltsträßchen (Schranken) hinunter Richtung Innsbruck. Von diesem biegen wir rechts ab und wandern am ebenen Fahrweg hinüber zur Bergisel-Sprungschanze. Vom Museum kann man am asphaltierten Fußweg hinunter zum Kiosk steigen und rechts zum Ausgangspunkt zurückgelangen (Gasthof Bierstindl).

**4 Wanderung:** Innsbruck – Buzzihütte – Rauschbrunnen, 1.088 m – Kerschbuchhof – Innsbruck

**Ausgangspunkt:** Allerheiligenhöfe
**Parken:** bei der Buzzihütte
**Höhenunterschied:** 340 m
**Wanderzeit:** 2½ Std.
**Schwierigkeitsgrad:** leicht!
**Einkehr:** Buzzihütte, Rauschbrunnen

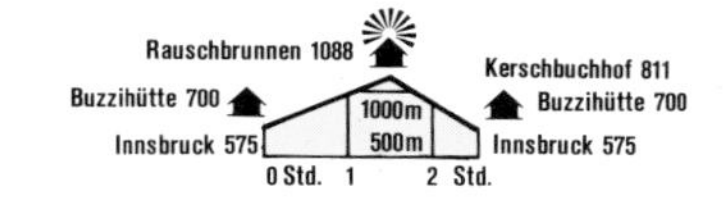


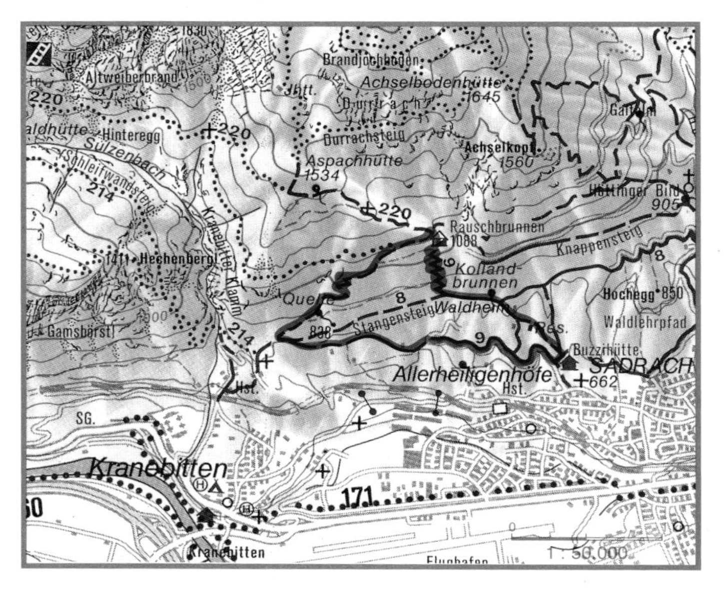


**Tourenverlauf:** Von der Buzzihütte führt ein steiler Weg, der teils als Hohlweg den Wald durchzieht, hinauf zum Kollandbrunnen. Über viele Kehren erklimmt man bei herrlichen Ausblicken auf das Inntal die Höhe, wo die Jausenstation Rauschbrunnen steht. Dort treffen sich die wichtigsten Steige, die den Südhang der Nordkette erschließen: Zum Höttinger Bild, zur Aspachhütte und zur Neuen Magdeburger Hütte. Wir wenden uns dem zuerst gemächlich fallenden, dann aber steilen Steig zum Kerschbuchhof zu, der auf einem Rücken am Ausgang der Kranebitter Klamm liegt. Nach einer halben Stunde erreichen wir diesen Hof und wandern über die Wiesen hinab, zuerst am Karrenweg, dann am Fahrweg nördlich der Peerhofsiedlung und zum Schluß ansteigend zurück zur Buzzihütte.

**5 Wanderung:** Innsbruck/Hungerburg, 868 m — Gramartboden — Höttinger Bild, 905 m — Planötzenhof — Innsbruck

**Ausgangspunkt:** Innsbruck
**Parken:** bei der Hungerburg Talstation
**Höhenunterschied:** 330 m
**Wanderzeit:** 2½ Std.
**Schwierigkeitsgrad:** leicht!
**Einkehr:** Frau Hitt, Gramart, Planötzenhof

Hungerburg
Höttinger Bild 905
Planötzenhof 784
Talstation
500m
Hungerburgbahn
Innsbruck 575 0 Std. 1 2 Std. Innsbruck 575

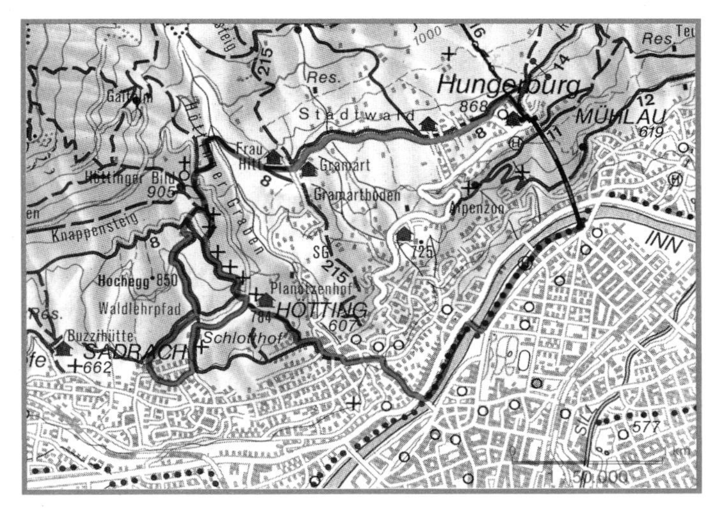


**Tourenverlauf:** Mit der Standseilbahn erreicht man die Hungerburg, von wo man nach links, an der Talstation der Nordkettenbahn hinauf und an der Kirche vorbei, die Gramartstraße betritt, auf der man zum Gramartboden hinüberwandert. Dort befinden sich ein großer, sonniger Waldspielplatz und zwei bekannte Gasthöfe. Westlich des Gasthofes Frau Hitt spaziert man auf breitem Weg zu einem aussichtsreichen Rastplatz hinauf, ehe man in den Höttinger Graben hineinwandert, den Bach überquert, und im leichten Anstieg durch Mischwald zum Höttinger Bild gelangt. Von der Wallfahrtskapelle führen mehrere Wege durch hohes Nadelholz zum Planötzenhof hinunter (empfehlenswert ist auch der Waldlehrpfad, der aber, ohne den Planötzenhof zu erreichen, nach Sadrach führt, wo sich die Endstation der Buslinie A befindet). Der Gastgarten des Planötzenhofes ist aufgrund seiner weitreichenden Aussicht beliebt. Von dort kann man entweder auf der Straße zum »Großen Gott« absteigen (Buslinie A), oder auf einem steilen Karrenweg, später Fahrweg, nach Hötting gelangen.

Wallfahrtskirche Höttinger Bild

## 6 Wanderung: Innsbruck/Hungerburg, 868 m – Arzler Alm, 1.067 m – Rumer Alm, 1.243 m – Rechenhof – Rosnerweg – Hungerburg

**Ausgangspunkt:** Hungerburg
**Parken:** Parkplatz Nordkettenbahn
**Höhenunterschied:** 380 m
**Wanderzeit:** 3 Std.
**Schwierigkeitsgrad:** leicht!
**Einkehr:** Arzler Alm, Rumer Alm, Enzianhütte, Rechenhof
**Karte:** siehe Seite 37

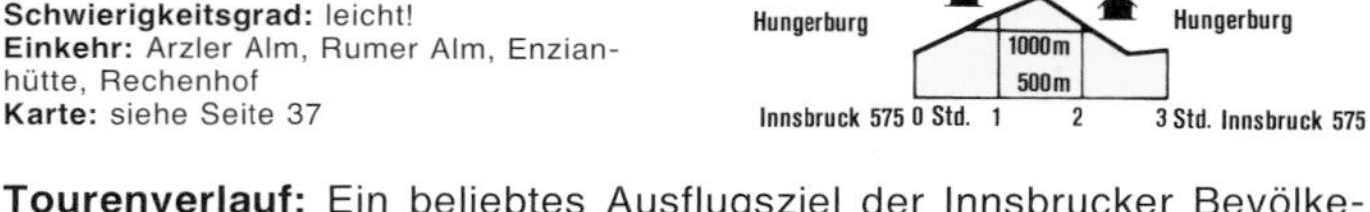


**Tourenverlauf:** Ein beliebtes Ausflugsziel der Innsbrucker Bevölkerung ist die Hungerburg, wo zahlreiche Almwanderungen ihren Ausgang nehmen. Von der Hungerburgbahn-Bergstation steigt man rechts der Seilbahn auf einem schmalen Gäßchen zum Waldrand an. Dort wendet man sich nach rechts und erreicht nach wenigen Minuten durch Hochwald und eine Lichtung den Rosnerweg, den man bei einer Wegtafel links abbiegend verläßt, um durch den Wald zur Arzler Alm anzusteigen. Von der Alm führt ein breiter Weg leicht bergab zum Mühlauer Bach, von wo man den mächtigen Lawinenschutzdamm erblickt, vor dessen Bau noch im letzten Jahrhundert Lawinen von der Rumer Spitze bis hinunter zum Inn Verwüstung anrichteten. Ein kurzer Abstecher zur Rumer Alm ist nun lohnend, da man an den im Freien aufgestellten Tischen eine gemütliche Rast einlegen kann. Auf dem Forstweg steigt man zum Rechenhof ab, von wo der Rosnerweg nahezu ohne Höhenverlust zurück zur Hungerburg führt. (Gute Beschilderung!).

## 7 **Bergwanderung:** Innsbruck/Seegrube – Höttinger Alm, 1.487 m – Hungerburg

**Ausgangspunkt:** Innsbruck/Hungerburg
**Parken:** Hungerburg
**Höhenunterschied:** 1.040 m
**Wanderzeit:** 3¼ Std.
**Schwierigkeitsgrad:** mittel!
**Einkehr:** Höttinger Alm, Seegrube

Seegrube 1905
1500m
1000m
500m
Höttinger Alm 1487
Hungerburg
Innsbruck 575 0 Std. 1 2 3 Std. Innsbruck 575

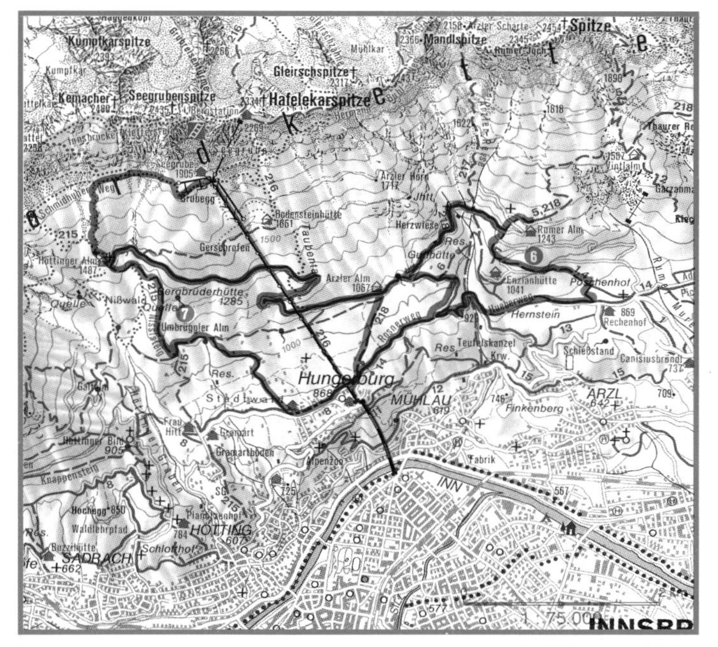


**Tourenverlauf:** Von der Bergstation der Nordkettenbahn bei der Seegrube wandert man zunächst unter dem Sessellift hinauf zur Frau Hitt-Warte. Abseits vom Trubel bei der Bergstation kann man hier auf der Bank an der Hütte rasten und den Blick auf die Stubaier Alpen genießen. Auf den steilen Wiesen, die von der Nordkette zur Höttinger Alm hinunterziehen, grasen im Sommer zahllose Schafe. Wir nehmen einen der vielen Steige, die nach Westen bis unter den Langen Sattel führen, wo ein breiter Grasrücken hinunter zur Alm leitet. Nach der Durchquerung der Latschenzone kommt man an der weißleuchtenden Kapelle vorbei zur Alm, wo die Aussicht auf Innsbruck zur Rast verlockt. Der weitere Abstieg führt entweder am Fahrweg hinunter zur Hungerburg, oder nach dem Graben auf einem schmalen Steiglein zur Skiabfahrt, der man großteils durch Hochwald bergab zum Ausgangspunkt folgt.

## 8 **Bergtour:** Innsbruck/Hafelekar, 2.269 m – Pfeishütte, 1.922 m – Stempeljoch, 2.215 m – Halltal

**Ausgangspunkt:** Innsbruck
**Parken:** in der Stadt
**Höhenunterschied:** 980 m
**Wanderzeit:** 4½ Std.
**Schwierigkeitsgrad:** mittel!
**Einkehr:** Pfeishütte, St. Magdalena

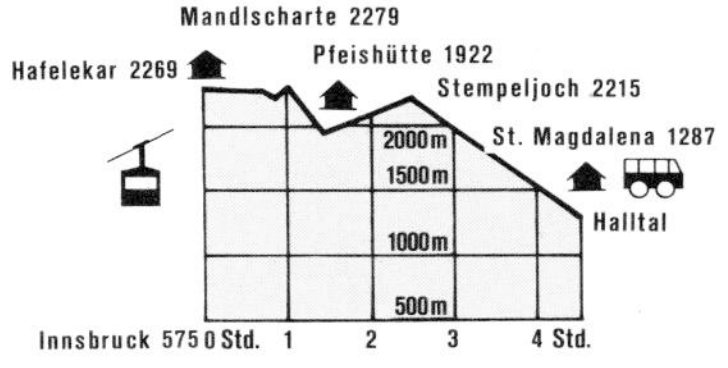


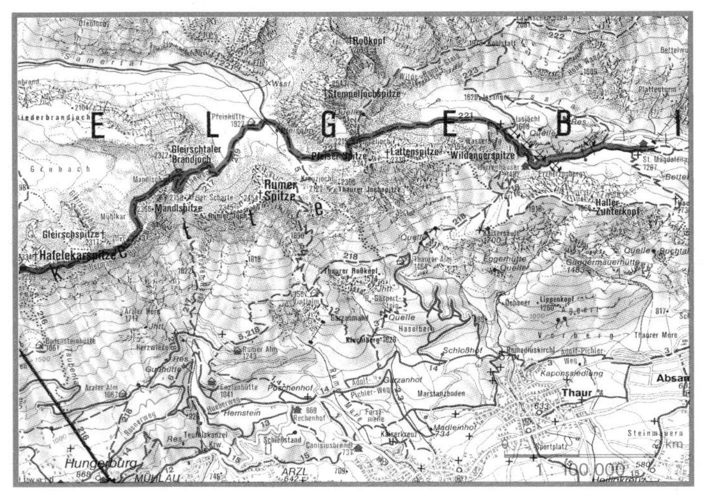


**Tourenverlauf:** Die Nordkettenbahn bringt uns in zwei Sektionen rasch hinauf zur Bergstation Hafelekar, 2.269 m, wo wir zunächst die Aussicht auf das Alpenrund genießen. Gleich neben der Bergstation beginnt der breite, ehemals »Goetheweg« (jetzt Hermann-Buhl-Weg) genannte Steig, der immer in Kammnähe gegen Osten führt. Nach mehrmaligem Auf und Ab überschreitet man bei der Mühlkarscharte den Kamm und gelangt auf die Nordseite, wo wir die bis in den Sommer vorhandenen Altschneefelder überqueren. Im Gegenanstieg erreichen wir die Mandlscharte. Nach einem kurzen Abstieg betreten wir die weiten, mit Latschen durchsetzten Wiesen, über die wir zur Pfeishütte hinüberwandern. Von dort geht es an Schuttreisen entlang hinauf zum Stempeljoch und von der Scharte (wieder durch Schutt) abwärts. Ohne an Höhe zu verlieren, zweigt rechts ein Weg in den lockeren Lärchenbestand ab, der, das Ißjöchl umgehend, gleich beim obersten Haus im Halltal auf die Fahrstraße trifft. Der gemütliche Weg über den Ißanger mit 10minütigem Gegenanstieg ist dagegen etwas länger. Entlang der Straße oder abkürzend an den Hütten des ehemaligen Salzbergwerks vorbei, erreichen wir die Herrenhäuser und wenig später den Parkplatz Ißtal. Dort biegen wir rechts zum Alpengasthof St. Magdalena ab, wo man mit dem Taxibus durch das Halltal hinaus nach Absam gelangt (Busverbindung von dort nach Innsbruck).

## 9 **Wanderung:** Innsbruck/Mühlau – Adolf-Pichler-Weg – Absam

**Ausgangspunkt:** Innsbruck/Mühlau
**Parken:** Mühlau
**Höhenunterschied:** 230 m
**Wanderzeit:** 2½ Std.
**Schwierigkeitsgrad:** leicht!
**Einkehr:** Rechenhof
**Karte:** siehe Fortsetzung Seite 40

Rechenhof · Thaurer Schloß
Innsbruck 575 · 500m · Absam 632
0 Std. · 1 · 2 Std.

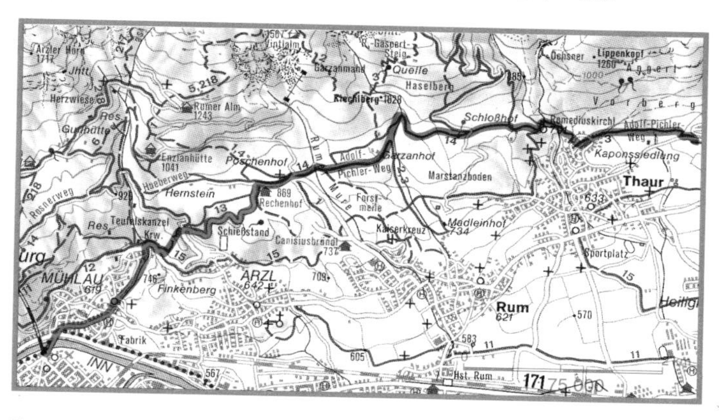


**Tourenverlauf:** Gleich nach der Kettenbrücke (Hungerburgbahn-Talstation, Endstation der Straßenbahnlinie 1) führt der Oberkoflerweg (Fahrverbot) steil durch Mühlau bergan. Bald erreicht man die Zufahrtsstraße (Josef-Schraffl-Straße) zum ehemaligen Gasthof Schönblick, auf der man rechts, den Wegweisern folgend, weitergeht. Von dort spazieren wir auf dem asphaltierten Weg (Fahrverbot an Sonn- und Feiertagen) oberhalb des Wasserwerkes und des Schießstandes vorbei zum Rechenhof. Durch Wald führt der bequeme Adolf-Pichler-Weg am Garzanhof vorbei zum Thaurer Schloß. Von der Romediuskapelle steigt man ab, überquert den Bach und wandert am Waldrand entlang zur Andreas-Hofer-Kaserne, wo wir bei den Wohnhäusern nach rechts abbiegen und über Wiesen und Felder aussichtsreich nach Absam hinuntergehen. Dort wartet man gegenüber der Wallfahrtskirche auf den Bus der »Dörferlinie«, der uns nach Mühlau zurückbringt.

## ⑩ **Wanderung:** Thaur – Thaurer Alm, 1.464 m – Kaisersäule, 1.700 m

**Ausgangspunkt:** Thaur
**Parken:** im Ort
**Höhenunterschied:** 1.070 m
**Wanderzeit:** 6 Std.
**Schwierigkeitsgrad:** mittel!
**Einkehr:** Thaurer Alm

Kaisersäule
Thaurer Alm 1464
Thaurer Alm 1464
1500 m
1000 m
500 m
Thaur 633
Thaur 633
0 Std. 1 2 3 4 5 6 Std.

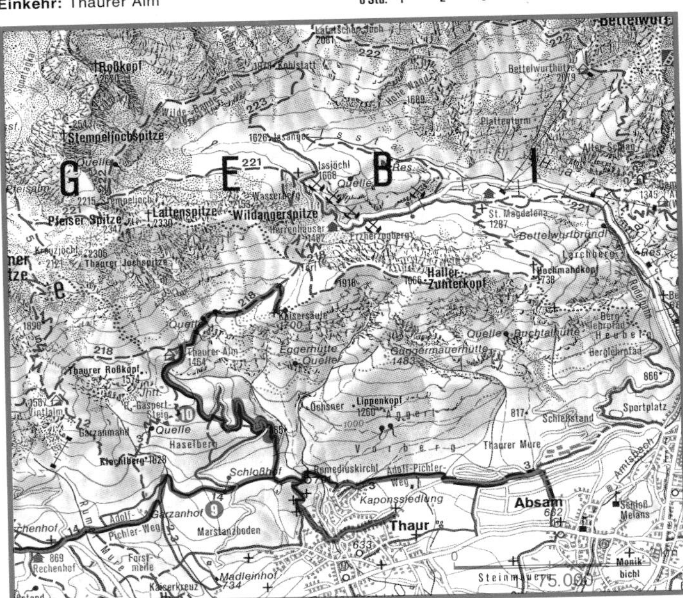


**Tourenverlauf:** Von der Ortsmitte in Thaur folgen wir nach Norden ansteigend der Beschilderung »Thaurer Schloß« und »Romediuskapelle«. Nachdem wir dem Adolf-Pichler-Weg wenige Schritte nach links gefolgt sind, biegen wir auf den Weg ein, der bald die schmale Straße (Fahrverbot) erreicht, die in zahlreichen Kehren zur Thaurer Alm emporleitet. Die Kehren lassen sich auf dem Fußsteig gut abkürzen. Von der sonnig gelegenen Alm am Südabhang der Nordkette schlängelt sich der Anstieg zur Kaisersäule (die 11,37 Meter hohe Steinpyramide erinnert an den Besuch Kaiser Franz I. im Jahre 1815) durch Latschengassen empor, die wir nach 3½stündiger Wanderung (von Thaur) erreichen. Wir genießen die Aussicht zur Thaurer und Vintlalm, auf die Ansiedlungen im Inntal und auf die Stubaier Alpen. Im Osten ist gerade noch der Gilfert sichtbar, während im Norden die Speckkarspitze über das Jöchl grüßt. Der Abstieg erfolgt am Anstiegsweg – oder in das Halltal, von wo man von St. Magdalena per Taxibus nach Absam gelangt (Busverbindung nach Thaur).

## ⑪ **Wanderung:** Halltal – Hallerangerhaus, 1.768 m

**Ausgangspunkt:** Halltal
**Parken:** Ißtal
**Höhenunterschied:** 820 m
**Wanderzeit:** 5¼ Std.
**Schwierigkeitsgrad:** mittel!
**Einkehr:** Hallerangerhaus, Hallerangeralm

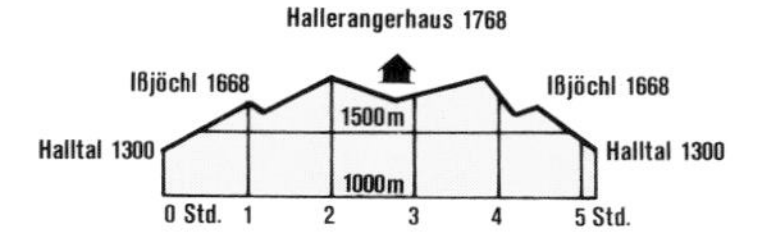


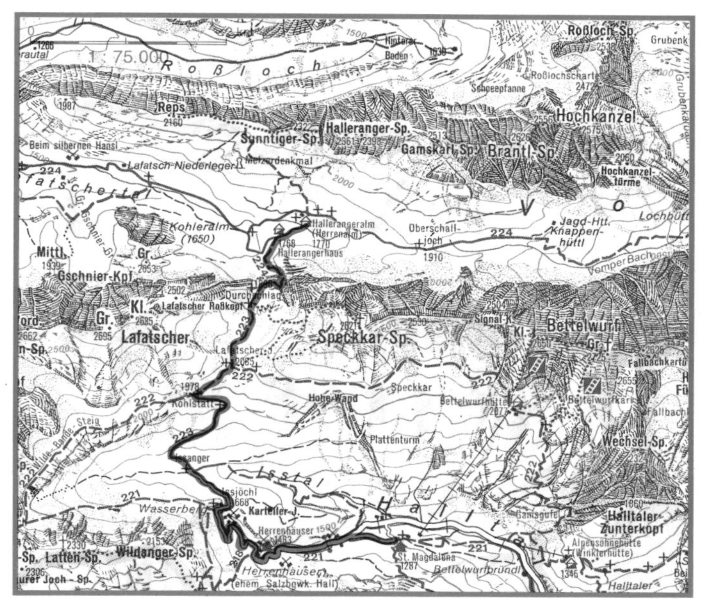


**Tourenverlauf:** Vom Parkplatz Ißtal im Halltal wandern wir entlang des Fahrweges hinauf zu den Herrenhäusern, die schon nach 10 Minuten zwischen den Lärchen sichtbar werden. Entweder weiter am Sträßchen, oder an den Hütten des ehemaligen Salzbergwerks vorbei, führt uns der Anstieg hinauf zum Ißjöchl, 1.668 m. Dem Wegweiser folgend spazieren wir links abwärts zum Ißanger. Dort biegen wir aber nicht links zum Stempeljoch ab, sondern verbleiben am breiten Weg, der durch heiße Latschengassen den Hang zum Lafatscher Joch erklimmt. Etwa zehn Minuten unterhalb des Joches mündet der Wilde-Bande-Steig ein. Am breiten Sattel angelangt, zieht sich der Weg über dürftige Grasflecken bergab. Wo bei einem 1981 errichteten Kreuz ein roter Pfeil nach links weist, kann man auch auf einem Abkürzungsweg rechts absteigen. Nach Wiedervereinigung der Steige führt der Abstieg genau ostwärts durch eine steile Felsstufe in eine Schuttreise. Wo diese endet, beginnt ein Promenadenweg, der in wenigen Minuten zur Hütte führt. Am bekannten Weg wandern wir zurück in das Halltal.

## ⑫ Wanderung: Halltal – Alpensöhnehütte, 1.345 m

**Ausgangspunkt:** Absam
**Parken:** bei der Mautstelle
**Höhenunterschied:** 600 m
**Wanderzeit:** 3 Std.
**Schwierigkeitsgrad:** leicht!
**Einkehr:** Alpensöhnehütte, Walderbrücke

Alpensöhnehütte 1345
1000
Absam/Halltal 750
500m
Absam/Halltal 750
0 Std. 1 2 3 Std.

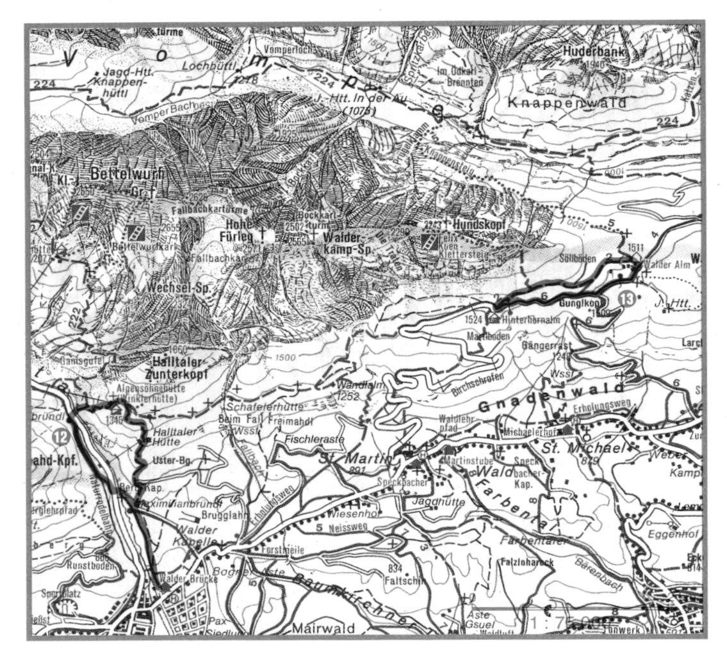


**Tourenverlauf:** Von der Stadtmitte Halls gelangt man durch die Brukkerstraße und Salzbergstraße (Wegweiser Gnadenwald) hinauf zur Bettelwurfsiedlung. Nach der Kreuzung (Absam – Gnadenwald, Hall – Halltal) fährt man noch etwa 200 Meter, ehe vor dem Mauthäuschen ein Parkplatz erreicht wird. Von dort wandert man links der Straße in das Halltal. Da der Weg abseits des Sträßchens durch Wiesen und Waldstreifen führt, wird der Wanderer kaum von den Autos gestört. Auf dem guten Weg erreicht man den Parkplatz Bettelwurfhütte (zur Hütte 3 Std.), von wo man ein kurzes Stück den gemeinsamen Anstieg verfolgt. Bei der Tafel zweigen wir rechts ab und erklimmen steinige Schuttreisen und gelangen durch Latschengassen zur Alpensöhnehütte, 1.345 m. Der Abstiegsweg führt über den Kamm südöstlich der Hütte aussichtsreich hinunter zum Maximilianbründl. Links des Baches kann man bis zum Gasthof Walderbrücke absteigen oder vorher auf der Brücke hinüber zum Parkplatz gelangen.

 **Wanderung:** Hinterhornalm, 1.524 m – Walder Alm, 1.511 m

**Ausgangspunkt:** Hinterhornalm
**Parken:** bei der Alm
**Höhenunterschied:** 100 m
**Wanderzeit:** 2 Std.
**Schwierigkeitsgrad:** leicht!
**Einkehr:** Hinterhornalm, Walder Alm
**Karte:** siehe Seite 42

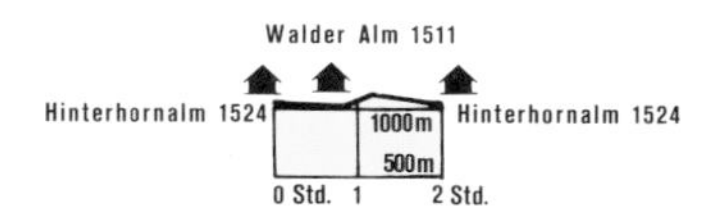

Walder Alm mit Hochnissl, 2.546 m

**Tourenverlauf:** Von St. Martin im Gnadenwald führt ein gutes asphaltiertes Bergsträßchen bis zur Hinterhornalm (Maut!). Diese 1932 erbaute Alm ist ein beliebtes Ausflugsziel mit mehreren lohnenden Ausflugsmöglichkeiten. Ein leichter Familienspaziergang führt uns östlich zuerst auf dem breiten Forstweg, dann rechts ab über Wiesen und Weiden zur Walder Alm. Hinter der Alm erhebt sich der Kamm von der Lamsenspitze über den Hochnissl bis zur Fiechter Spitze. Nach einem kleinen Imbiß in der Jausenstation gehen wir zwischen den Hütten hindurch (besuchenswert ist die nahe, schöne Kapelle!) und biegen nach kurzem Abstieg rechts ab. Bald erreicht man den Waldrand und trifft auch auf eine Forststraße, die man bergan verfolgt. Die Abzweigungen bleiben unberücksichtigt und kurz darauf kommen wir bei der Erdbebenfrühwarnstelle vorbei. Nach wenigen Minuten öffnet sich der Wald (Bank) und tief unter uns liegt die Gnadenwaldterrasse und Wattens. Wir genießen die Aussicht auf das Inntal und kommen wieder zur Hinterhornalm zurück. Dort ist ein beliebter Startplatz für Paragleiter.

*Eine Bitte: Nimm Deine Abfälle wieder mit nach Hause!*

## ⑭ **Rundwanderweg:** St. Martin/Gnadenwald – Farbental – Baumkirchen – Eichat – Walderbrücke – St. Martin

**Ausgangspunkt:** St. Martin
**Parken:** Speckbacher
**Höhenunterschied:** 300 m
**Wanderzeit:** 3 Std.
**Schwierigkeitsgrad:** leicht!
**Einkehr:** Speckbacher, Walderbrücke

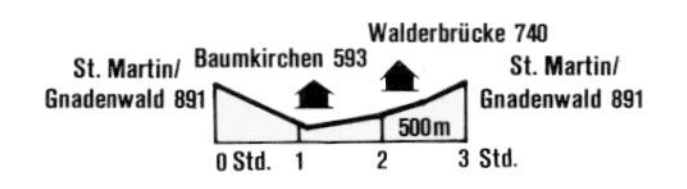


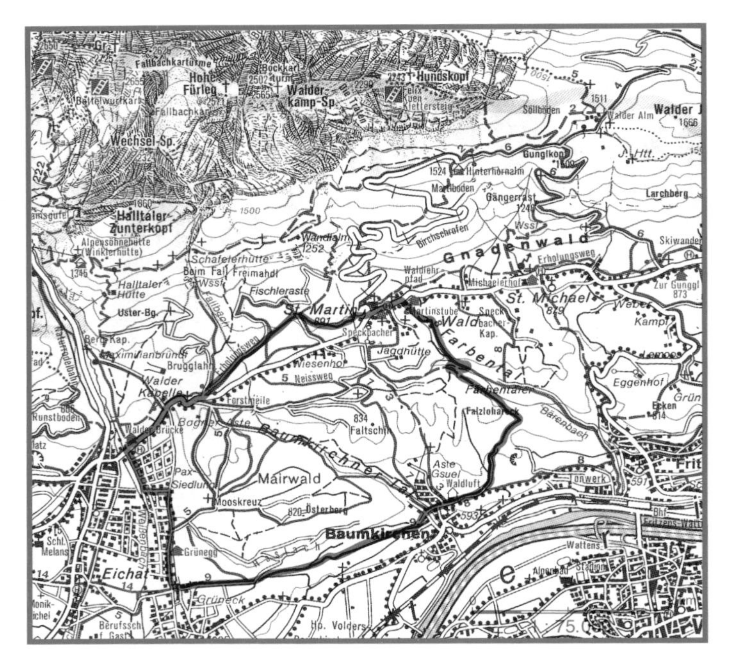


**Tourenverlauf:** Zahlreiche Wander- und Rundwanderwege, die jedem Geschmack gerecht werden, wurden im Bereich Gnadenwald gut beschildert. Von St. Martin folgen wir ein kurzes Stück der Straße nach St. Michael und biegen noch vor der Straßensteigung rechts ab, wo ein Fahrweg in das Farbental hinabführt. Nach ¼ Gehstunde wenden wir uns rechts (verlassen den Rundwanderweg Farbental), überqueren den Bach und spazieren an der Gegenseite zur Baumkirchner Tongrube. Von Baumkirchen wandert man immer entlang des Waldrandes (Rundwanderweg Baumkirchner Tal) zum westlich gelegenen Café Grünegg in Mils. Von dort setzen wir am ansteigenden Weg die Rundwanderung fort und erreichen kurz darauf den Gasthof Walderbrücke. Beim Rückweg nach St. Martin entscheiden wir uns für den Rundwanderweg St. Martin, der etwa 200 Meter nördlich des Gasthofs großteils durch Wald zum Ausgangspunkt zurückführt.

## ⑮ **Bergwanderung:** Wattens – Lager Walchen – Lizumer Hütte, 2.019 m – Mölstal – Lager Walchen – Wattens

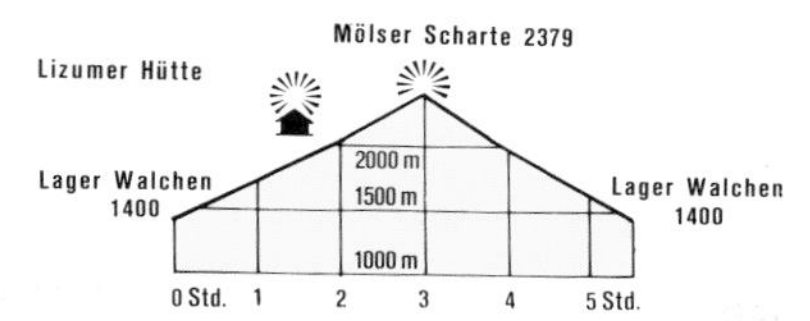


**Ausgangspunkt:** Wattens
**Parken:** Lager Walchen
**Höhenunterschied:** 980 m

**Wanderzeit:** 5½ Std.
**Schwierigkeitsgrad:** mittel!
**Einkehr:** Lizumer Hütte

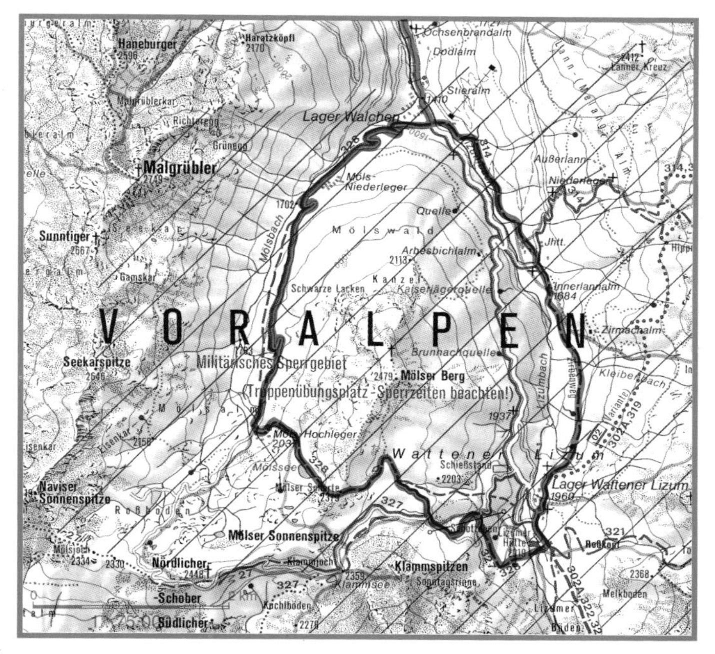


**Tourenverlauf:** Von Wattens (bei der Kirche nach Süden abzweigen) erreicht man den Parkplatz neben dem Lager Walchen (Bundesheer). Taxiverbindung zur Lizumer Hütte möglich, Anfrage beim Hüttenwart, Tel. 05224/52111. Entweder auf der bis 30% steilen Straße oder, schöner, links über die Brücke geht es am »Wattener Zirbenweg« zur Lizumer Hütte (2 Std.). Während die Straße die Westseite des Lizumtals erklettert, führt der bequeme Zirbenweg auf der Ostseite in das Becken des Hochtales hinauf. Die zentral gelegene Hütte bietet im Winter zahlreiche hochalpine Skitouren, im Sommer leichte (Mölser Sonnenspitze, 2.427 m, 2 Std.; Geierspitze, 2.857 m, 2½ Std.) bis schwere Touren

(Kalkwand, 2.826 m, 2½ Std.; II). Von der Lizumer Hütte (das Gebiet um das Schutzhaus ist Truppenübungsplatz) erreicht man auf einem Abkürzungsweg die Fahrstraße zum Klammjoch. Nach der letzten Kehre verlassen wir den Fahrweg und spazieren hinauf zur Mölser Scharte, dem höchsten Punkt der Wanderung. Ein Stück unterhalb liegt der kleine Mölssee. Etwa dem Bachverlauf folgend, steigen wir zu den Hütten des Möls Hochlegers ab und wandern entlang der Straße durch das Mölstal zum Niederleger und weiter zum Ausgangspunkt der Tour zurück.

**16** **Bergtour:** Wattens – Lizumer Hütte, 2.019 m – Lizumer Reckner, 2.886 m

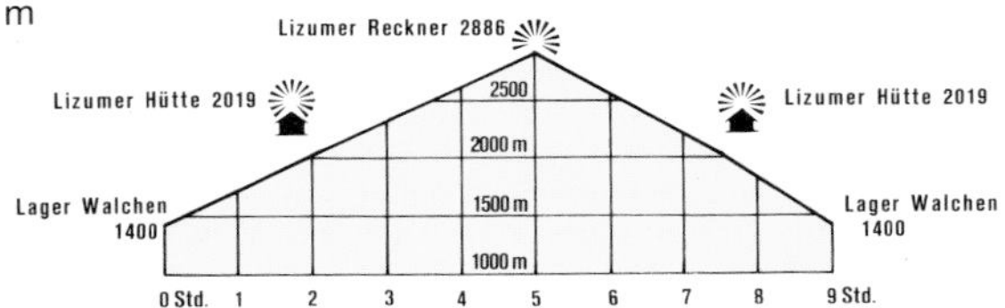


**Ausgangspunkt:** Wattens
**Parken:** Lager Walchen
**Höhenunterschied:** 1.480 m

**Wanderzeit:** 9 Std. (mit Taxibus 5½ Std.)
**Schwierigkeitsgrad:** nur für Geübte (II)!
**Einkehr:** Lizumer Hütte

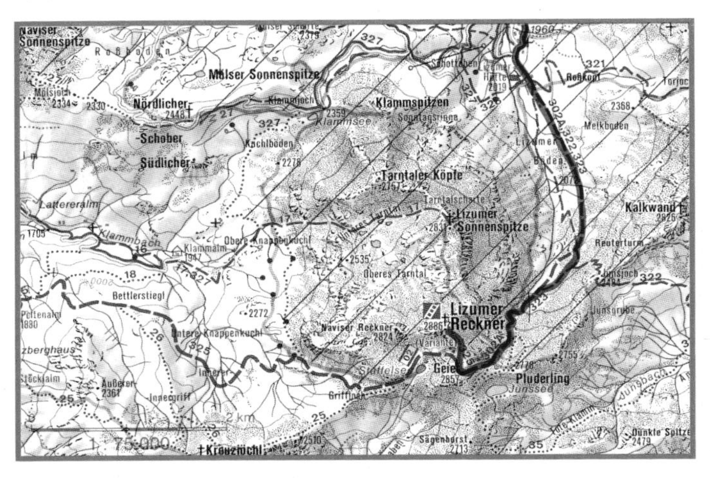


**Tourenverlauf:** Wie bei der vorgehenden Tour gelangt man vom Lager Walchen zur Lizumer Hütte. Von dort verfolgt man den guten Weg, der mitten durch den Truppenübungsplatz führt. Nach etwa einer Stunde zweigt der Steig zum Junsjoch ab. Wir aber wandern in den Talschluß auf die Geierspitze zu. Unterhalb des Gipfels wenden wir uns nach rechts und beginnen mit der leichten Kletterei am Südgrat des Reckners. Dieser Anstieg ist markiert und führt uns nach anregender Kletterei (große Eisengriffe) auf die Spitze des höchsten Berges der Tuxer

Voralpen. Die großartige Aussicht belohnt den Anstiegsweg auf besondere Weise: Im Süden der Olperer mit seinem mächtigen Eispanzer, links davon die Kette der Zillertaler Alpen, im Westen die Tribulaune und der Habicht sowie die Stubaier Alpen. Nach der Gipfelrast steigen wir vorsichtig durch das Blockwerk zur Scharte hinunter und folgen dem Anstiegsweg zurück zur Hütte. (Taxibus zum Lager Walchen).

## ⑰ **Bergtour:** Voldertal — Malgrübler, 2.749 m

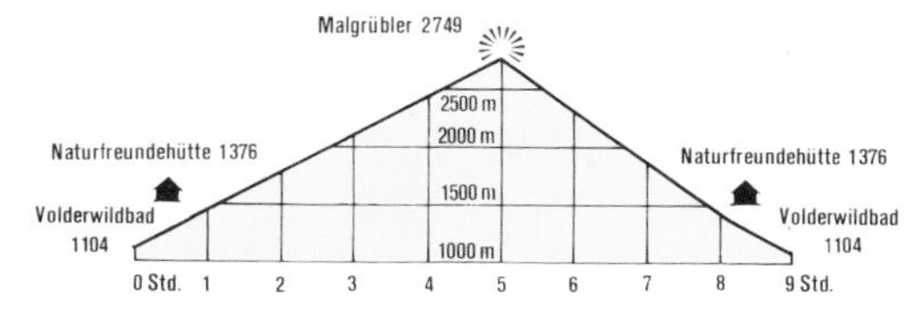


**Ausgangspunkt:** Wattens
**Parken:** Volderwildbad
**Höhenunterschied:** 1.645 m
**Wanderzeit:** 9 Std.

**Schwierigkeitsgrad:** nur für Geübte!
**Einkehr:** Naturfreundehütte
**Karte:** siehe Seite 48

Kapelle in Volderwildbad

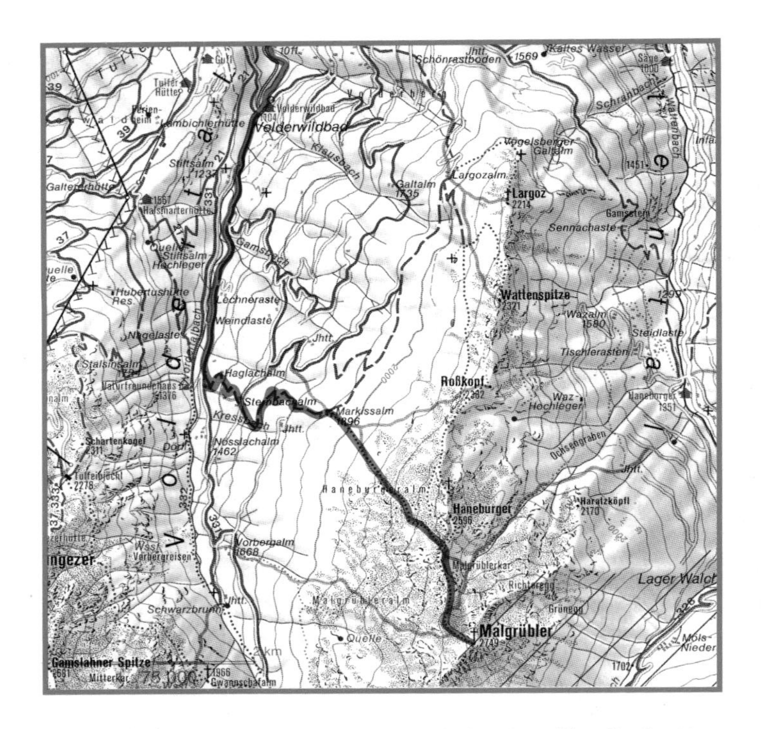


**Tourenverlauf:** Von Wattens fährt man mit dem Auto über Großvolderberg nach Volderwildbad. Entlang des Voldertalbaches wandert man gemütlich etwa 3 Kilometer in das enge Tal zur Naturfreundehütte. Von der Hütte führt über die östliche Talseite ein kleiner Steig steil über Wiesen bergan zur Sternbachalm und darauf zur Markissalm im Bereich der Almregion. Über die Weidehänge erreichen wir schließlich über Blockwerk den Kamm, der vom Malgrübler zur Haneburger Spitze, 2.596 m, hinüberführt. Von Westen her besteigen wir den Gipfel, der wie eine flache Pyramide die höchste Erhebung zwischen dem Wattental und Voldertal bildet. Abstieg am Aufstiegsweg.

*__Alpines Notsignal: Sechsmal__ innerhalb einer Minute in regelmäßigen Zeitabständen ein sichtbares oder hörbares Zeichen geben und hierauf eine Pause von einer Minute eintreten lassen. Das gleiche wird wiederholt, bis Antwort erfolgt.*

*__Antwort:__ Innerhalb einer Minute wird __dreimal__ in regelmäßigen Zeitabständen ein sichtbares oder hörbares Zeichen gegeben.*

## ⑱ **Rundwanderung:** Hall – Poltental – Tulfes – Judenstein – Hall

**Ausgangspunkt:** Hall
**Parken:** beim Gasthof Badl
**Höhenunterschied:** 380 m
**Wanderzeit:** 3 Std.
**Schwierigkeitsgrad:** leicht!
**Einkehr:** Badl, Waldheim, Tulfes, Brennstüberl, Judenstein

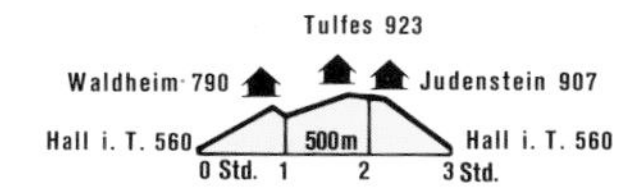


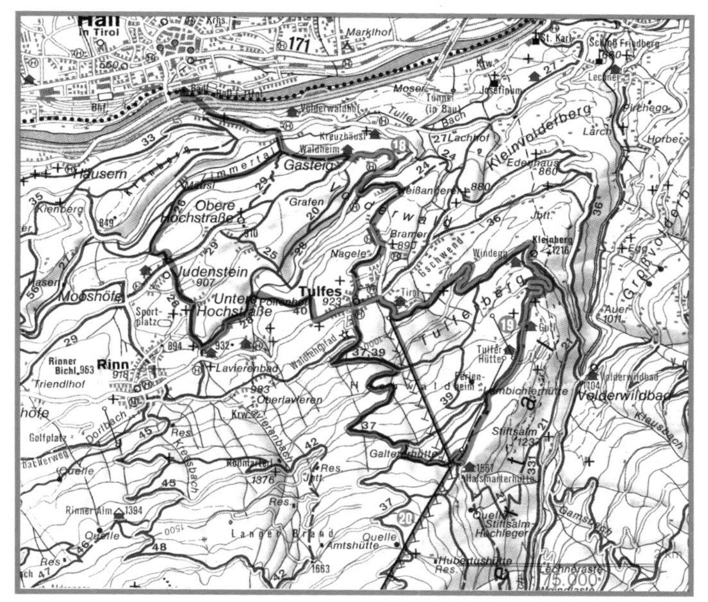


**Tourenverlauf:** Von der Ortsmitte Halls kommend, biegt man nach der Innbrücke links ab und beginnt beim Gasthof Badl den landschaftlich besonders schönen Rundwanderweg. Nach der Autobahnunterführung schwenken wir rechts auf den steilen Hohlweg ein, der bald die Straße im Zimmertal überquert und durch Wald hinauf auf den Kamm leitet, wo der Gasthof Waldheim am Rand der Gehöftgruppe Gasteig steht. Östlich wandern wir das kurze Stück (Asphaltstraße, Blick nach Volders) in das Poltental hinunter. Beim Holzlagerplatz beginnt der Aufstieg nach Bramor. Wenige Schritte weiter in Richtung Tulfes wenden wir uns von der Straße nach rechts und erreichen über Wiesen und Felder die Ortsmitte von Tulfes. Westlich von Tulfes zweigt gegenüber von der Kapelle der Weg ab, auf dem wir, in das Poltental absteigend und nach links gewandt, Lavierenbad erreichen. Rechts von der Jausenstation Brennstüberl gelangt man in ¼ Std. nach Judenstein. Gegenüber der Kirche führt der Kreuzweg hinunter zum Zimmertalbach, wo wir auf die Straße treffen, von der wir, nach der langen Linkskurve abzweigend, (links) hinunter zum Ausgangspunkt gelangen.

## Wanderung: Tulfes – Windegg – Halsmarterhütte – Tulfes

**Ausgangspunkt:** Tulfes
**Parken:** Sessellift Talstation
**Höhenunterschied:** 480 m
**Wanderzeit:** 3¼ Std.
**Schwierigkeitsgrad:** leicht!
**Einkehr:** Windegg, Gufl, Tulfer Hütte, Halsmarterhütte
**Karte:** siehe Seite 49

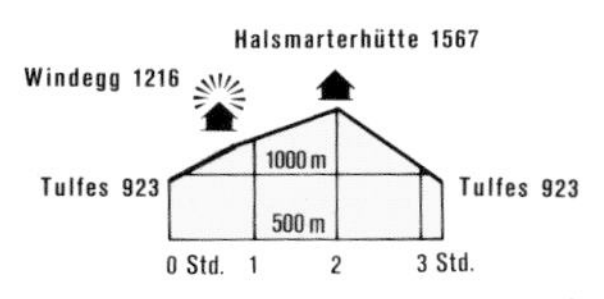


**Tourenverlauf:** Diese leichte Wanderung beginnt in Tulfes, von wo man der asphaltierten Straße vom Parkplatz der Glungezerbahn hinauf nach Windegg folgt. Der Straße entlang wandert man von Windegg weiter, bis nach einigen Kehren die Anstiegsroute flacher werdend, über Wiesen zur Gufl und Tulfer Hütte führt (Parkplatz). Der Fahrweg ist nun für Autos gesperrt und wir benützen die breite Skiabfahrt für unseren weiteren Anstieg bis zur Halsmarterhütte. Wer den Abstieg nach Tulfes der Sesselbahntalfahrt (Mittelstation des Glungezer-Sesselliftes nahe der Hütte) vorzieht, wandert links der Galtererhütte durch den Hochwald hinunter zum Ort. Durch die Ortsmitte gelangt man zum Parkplatz bei der Talstation des Lifts.

## 20 Bergtour: Tulfes – Glungezer, 2.677 m

Glungezer 2677
Glungezerhütte 2600
Tulfeinalm 2035
Tulfeinalm 2035
2500
2000 m
1500 m
1000 m
Tulfes 923
Tulfes 923
500 m
0 Std. 1 2 3 Std.

**Ausgangspunkt:** Tulfes
**Parken:** Sessellift Talstation
**Höhenunterschied:** 640 m
**Wanderzeit:** 3 Std.
**Schwierigkeitsgrad:** mittel!
**Einkehr:** Glungezerhütte
**Karte:** siehe Fortsetzung Seite 49

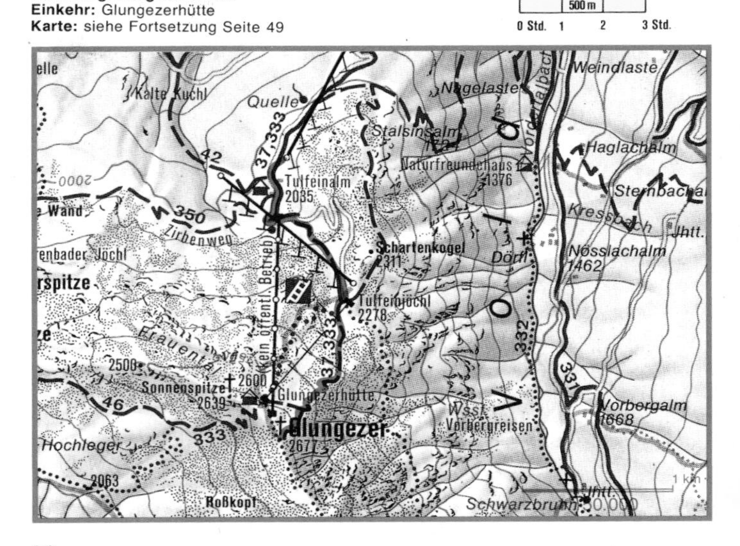

**Tourenverlauf:** Durch die vorhandenen Sessellifte ist der hochalpine Gipfel auch dem Wanderer leicht zugänglich. Von der Bergstation des Liftes (Tulfeinalm) wandert man, schon über der Waldgrenze, an den letzten Baumbeständen vorbei in die Mulde des »Kalte-Kuchl-Liftes«. Nun beginnt der steile Anstieg über Blockwerk hinauf zum Sattel. Von Osten her erklimmt der gewundene Pfad die Einsattelung knapp unterhalb des Gipfels, wo eine der höchsten Schutzhütten der Tuxer Alpen steht. Bis in den Sommer hinein hält sich der windverfrachtete Schnee in der Senke hinter der Hütte. In wenigen Minuten besteigt man den Gipfel und genießt die herrliche Aussicht. Am beschriebenen Anstiegsweg kehrt man zum Sessellift zurück.

## 21 **Speckbacherweg:** Sistrans – Tulfes

**Ausgangspunkt:** Sistrans
**Parken:** im Ort
**Höhenunterschied:** 200 m
**Wanderzeit:** 1½ Std.
**Schwierigkeitsgrad:** leicht!
**Einkehr:** Sistrans, Rinn, Tulfes

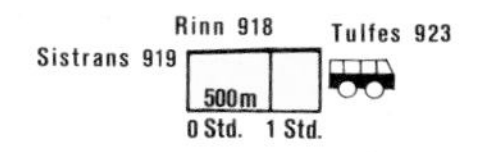


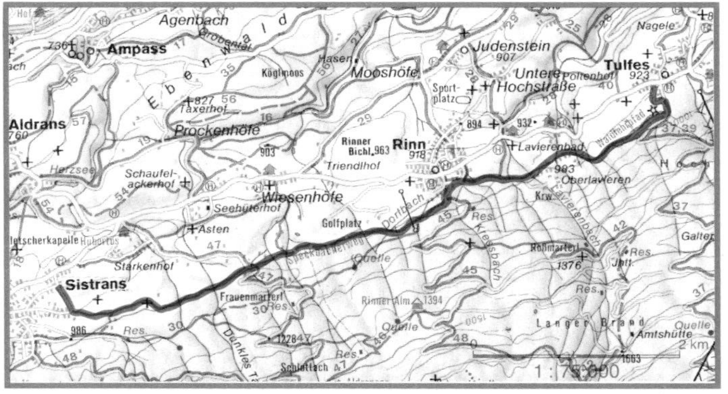


**Tourenverlauf:** Da die Busverbindungen für die Rückkehr von Tulfes nach St. Peter, wo der eigentliche Speckbacherweg beginnt, ungünstig sind, beginnen wir die Wanderung in Sistrans. Von der Ortsmitte folgen wir der Straße an mehreren Neubauten vorbei ostwärts, bis wir auf einen Feldweg gelangen. Über weite Wiesen führt der gute Weg an Lärchenbäumen bergan, ehe man nach einem Hochstand zu einer Einfriedung gelangt. Dort wendet man sich nach links (Bächlein) und spaziert auf einem schmalen Steig durch eine Fichtenwaldung. Der Pfad quert noch zwei Bäche, ehe man, an einer Hütte vorbei, auf eine Forststraße trifft (zur Aldranser Alm). Wir überqueren die Straße und folgen dem Hinweis »Speckbacherweg«, der uns oberhalb des Golfplatzes vorbei nach Rinn führt. Eine Viertelstunde später erreicht man Oberlavieren. Am Weiterweg benützt man den gut bezeichneten Waldlehrpfad nach Tulfes. Von der Ortsmitte benützt man den Bus zurück zum Ausgangspunkt in Sistrans. (Siehe Tour Nr. 23).

## ㉒ **Zirbenweg:** Igls – Patscherkofelhaus, 1.964 m – Tulfeinalm, 2.035 m

**Ausgangspunkt:** Igls
**Parken:** Patscherkofelbahn
**Höhenunterschied:** gering
**Wanderzeit:** 2 Std.
**Schwierigkeitsgrad:** leicht!
**Einkehr:** Patscherkofelhaus, Boscheben, Tulfeinalm
**Karte:** Fortsetzung siehe Seite 53

Patscherkofelhaus 1964
Zirbenweg
Tulfeinalm 2035
2000m
1500m
1000m
500m
Igls 870
Tulfes 923
0 Std. 1 2 Std.

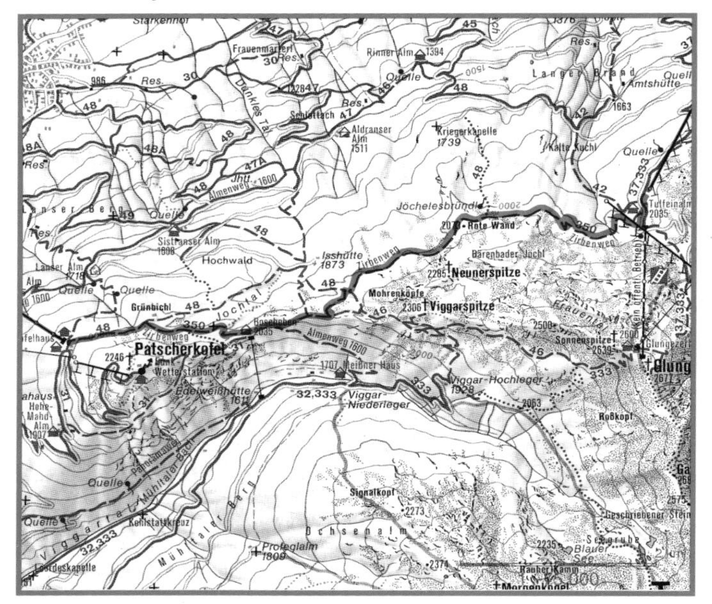


**Tourenverlauf:** Eine leichte und daher sehr beliebte Höhenwanderung ist der prachtvolle Zirbenweg (Naturschutzgebiet!) Von der Bergstation der Patscherkofelseilbahn wandern wir nahezu eben östlich auf den Grünbichl. Während wir am breiten Weg die Funktion der Zirbe an der Waldgrenze anhand einiger Hinweistafeln kennenlernen, erreichen wir Boscheben, wo sich der Blick in den Talschluß des Viggartals mit der Kreuzspitze öffnet. Bei der Abzweigung zur Viggarspitze und zum Glungezer halten wir uns links und wandern bei leichtem Auf und Ab durch lockeren Zirbenbestand. Prachtvoll sind die Ausblicke auf die gegenüberliegenden Gipfel des Bettelwurfstockes und auf den Haller Schwemmkegel mit seinen Siedlungen. Nach der Überquerung eines Baches erreichen wir die Tulfeinalm, wo man auf den Holzbänken gern eine Rast einlegt. Mit der Sesselbahn treten wir über zwei Sektionen die Talfahrt an. Von Tulfes besteht im Sommer regelmäßige Busverbindung zur Patscherkofelbahn-Talstation.

## ㉓ **Speckbacherweg:** St. Peter – Patsch – Sistrans – Igls

**Ausgangspunkt:** St. Peter
**Parken:** bei der Kirche
**Höhenunterschied:** 200 m
**Wanderzeit:** 3 Std.
**Schwierigkeitsgrad:** leicht!
**Einkehr:** Klammerhof, Grünwalderhof, in Sistrans, Lans, Igls

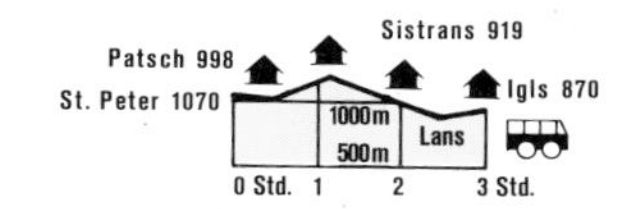


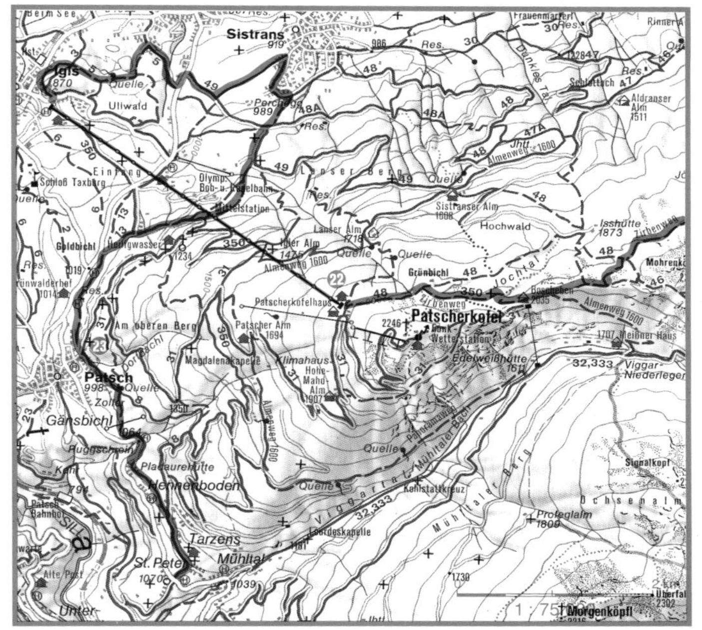


**Tourenverlauf:** Gegenüber von St. Peter am Ausgang des Viggartals wandert man entlang der Straße in den Ortsteil Tarzens empor. Nach dem Gasthaus Klammerhof bringt uns ein Wiesenweg zum Ruggschreinbach, den wir entlang der Straße überqueren, um gleich danach steil hinauf dem Speckbacherweg weiter zu folgen, der am Waldrand entlang oberhalb an Patsch vorbeiführt. An klaren Tagen (besonders im Herbst) fesselt uns der Blick zu den Stubaier Gletschern und zum Zuckerhütl sowie die Kalktürme der Schlick. Vom Grünwalderhof folgt man kurz der Straße bis zur Abzweigung nach Igls, wo wir jedoch rechts in Richtung Heiligwasser ansteigen. Bevor wir das Alpengasthaus Heiligwasser erreichen, schwenken wir links auf den Steig ein, der uns oberhalb der Bobbahn zur Mittelstation der Patscherkofelbahn bringt. Nun biegt der Weg nach Norden, führt an Wegkreuzen vorbei nach Sistrans. Wir wenden uns nach links und wandern am Weg 49 bzw. 5 nach Igls. (Rückfahrt per Bus).

## ㉔ **Bergwanderung:** Igls – Patscherkofelhaus, 1.964 m – Meißner Haus, 1.707 m – Almenweg, 1600 – Patsch – Igls

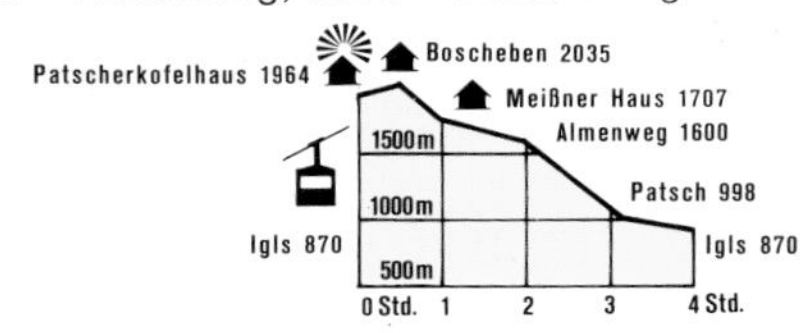


**Ausgangspunkt:** Igls
**Parken:** Patscherkofelbahn
**Höhenunterschied:** 1.160 m
**Wanderzeit:** 4 Std.

**Schwierigkeitsgrad:** mittel!
**Einkehr:** Patscherkofelhaus, Boscheben, Meißner Haus

**Tourenverlauf:** Von der Bergstation der Patscherkofelbahn sollte man es nicht versäumen, einen Blick nach Westen zu tun, wo die Kulisse der Kalkkögel und der Stubaier Alpen unsere Blicke auf sich zieht. Bis nach Boscheben verläuft unser Weg identisch mit dem Zirbenweg (siehe Wanderung Nr. 22). Von der am Kamm gelegenen Hütte steigen wir in einer guten halben Stunde durch den Wald hinunter in das stille Viggartal zum Meißner Haus. Entlang des rauschenden Baches wandern wir bis zur Materialseilbahn zur Boschebenhütte talauswärts. Wenig später zweigt bei der Edelweißhütte der Almenweg ab, der, die Südseite des Patscherkofels umgehend, bis zur Abzweigung zur Patscher Alm verfolgt wird. Links abzweigend, wenden wir uns dem Föhrenweg zu, der direkt bei Patsch in den Speckbacherweg einmündet. Der Markierung folgend, wandern wir am Grünwalderhof und Hundeabrichteplatz vorbei zum Schloß Taxburg und weiter nach Igls.

## (25) **Wanderung:** Igls — Lanser See — Schloß Ambras — Innsbruck

**Ausgangspunkt:** Igls
**Parken:** Endstation der Igler Bahn
**Höhenunterschied:** 290 m
**Wanderzeit:** 2 Std.
**Schwierigkeitsgrad:** leicht!
**Einkehr:** Lanser See
**Karte:** siehe Seite 56

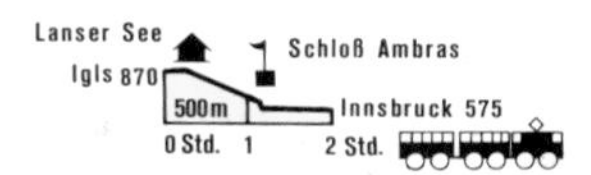

Schloß Ambras

**Tourenverlauf:** Von der Ortsmitte von Igls folgen wir dem mit Nr. 3 markierten Weg bis zur Haltestelle Lanser See. Links wandern wir hinunter an das Seeufer und beim Eingang des Schwimmbads erreicht man den Waldrand. Der breite, schattige Waldweg führt uns bei Ausblicken zur Serles hinüber zum Seerosenweiher. Wir verbleiben weiterhin am Weg Nr. 3, bis wir nach der Kapelle rechts abzweigen, um am Nordrand des Golfplatzes vorbei und links haltend die Bahnlinie (Haltestelle) erreichen. Links führt uns der Bederlungerweg über die Wiesen hinunter zum bereits sichtbaren Schloß Ambras. Der im Renaissancestil gehaltene Bau ging im Jahre 1248 in den Besitz der Tiroler Landesfürsten über. Im 16. Jahrhundert erweiterte Erzherzog Ferdinand II. das Schloß (Spanischer Saal). Heute sind in den Sälen bedeutende Waffen-, Kunst- und »Wundergegenstände« zu sehen. Nach der Schloßbesichtigung verlassen wir am Teich vorbei das westliche Tor, folgen der steilen Gasse hinunter zum Autobahnviadukt und spazieren links entlang des Paschbergweges (Fahrverbot) zur Sillbrücke und zur Igler Bahn, mit der wir zurück nach Igls fahren.

 **Wanderung:** Igls – Lanser See – Vill – Igls

**Ausgangspunkt:** Igls
**Parken:** im Ort
**Höhenunterschied:** 200 m
**Wanderzeit:** 1½ Std.
**Schwierigkeitsgrad:** leicht!
**Einkehr:** Lanser See

Lanser See, Vill 817, Igls 870
Igls 870
500m
0 Std. 1Std.

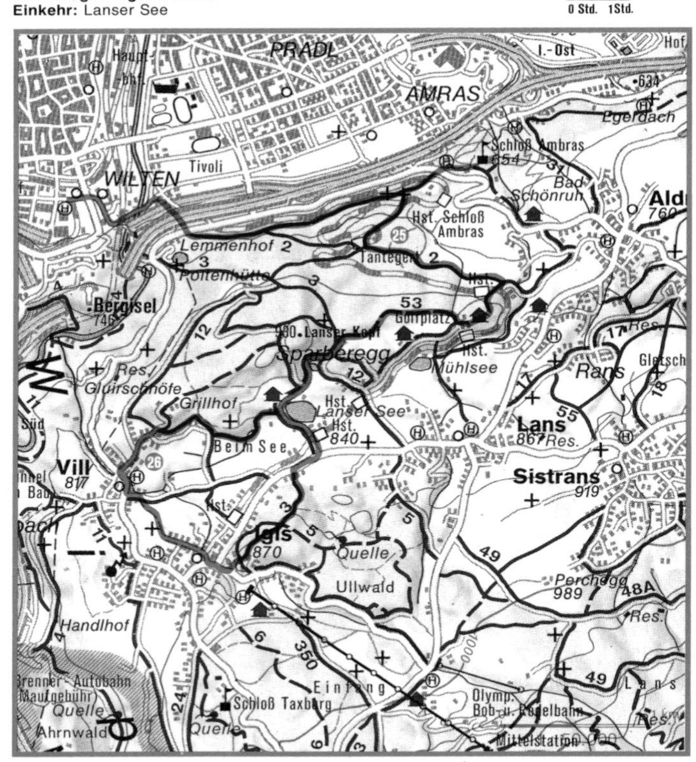


**Tourenverlauf:** Dieser leichte Spaziergang in der unmittelbaren Umgebung des Kurortes Igls begeistert immer wieder durch die Ausblicke in das Stubaital, zur Serles und zur Nordkette. Von der Ortsmitte folgen wir dem mit Nr. 3 markierten Weg bis zur Haltestelle Lanser See. Beim Lanser See wenden wir uns nach links und steigen durch die Senke kurz zum Seehof an (Ruhebänke mit besonders im Herbst lohnender Sicht zum Patscherkofel). Nachdem wir die Enten und Gänse im Seehof beobachtet haben, wandern wir am Fahrweg durch den Wald zur Wegspinne beim Kreuzbühel, zu dem wir, links abbiegend, gelangen. Nach Westen steigen wir nach Vill ab. Nach Igls benützen wir nicht die Straße, sondern verlassen diese nach der St. Martinskirche. Über den Viller Steig gelangen wir zurück zum Ausgangspunkt.

## 27 **Bergwanderung:** Matrei – Maria Waldrast – Blaser, 2.241 m

**Ausgangspunkt:** Matrei
**Parken:** bei der Abzweigung Blaserhütte
**Höhenunterschied:** 670 m
**Wanderzeit:** 3½ Std.
**Schwierigkeitsgrad:** leicht!
**Einkehr:** Blaserhütte
**Karte:** siehe Seite 58

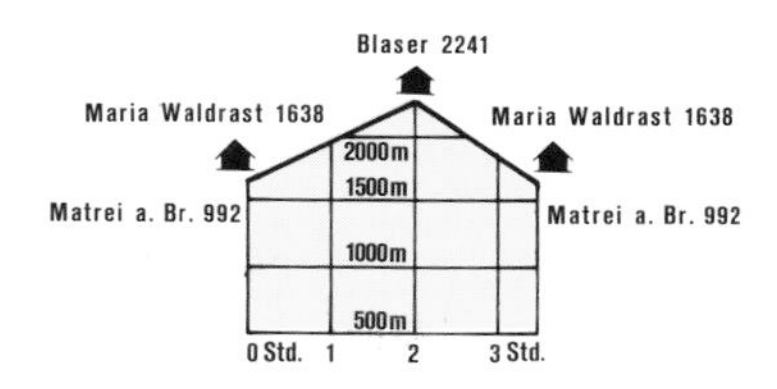

Wallfahrtsort Maria Waldrast

**Tourenverlauf:** Auf der Mautstraße von Matrei über Mühlbachl zur Wallfahrtskirche Maria Waldrast fährt man zum Parkplatz nahe der Mündung des Langen Tals an. Etwa hundert Meter geht man vom Parkplatz zurück, um der Beschilderung beim Schranken zu folgen, die uns über Weidegründe die Richtung durch das Lange Tal angibt. Bald mündet von rechts der Weg von Maria Waldrast ein.
Die Latschen rücken nun näher zusammen, der steinige Pfad wird steiler und bald geht es über Schuttreisen und zahlreiche Serpentinen hinauf zum Joch. Gegensätzlich zu den Felsen, die uns bisher begleiteten, stehen wir plötzlich vor weiten, blumenreichen Wiesen, die wir links aufwärts in ¼ Std. zur Blaserhütte überschreiten. Lohnende Fernsicht

bis zum Olperer und in das Gschnitztal sowie zur nördlich aufragenden Serles laden uns bei der Hütte zur Rast ein. Wenige Minuten sind es hinauf zum Gipfelkreuz (Tiefblick nach Maria Waldrast). Als Abstiegsmöglichkeit bietet sich dem Geübten die teils ausgesetzte Route über die Peilspitze zum Kalbenjoch an. Wir aber wandern am Anstiegsweg hinunter zum Parkplatz.

## 28 **Bergtour:** Matrei – Maria Waldrast – Serles, 2.717 m

**Ausgangspunkt:** Maria Waldrast/Matrei
**Parken:** Maria Waldrast
**Höhenunterschied:** 1.080 m
**Wanderzeit:** 5 Std.
**Schwierigkeitsgrad:** mittel!
**Einkehr:** Maria Waldrast

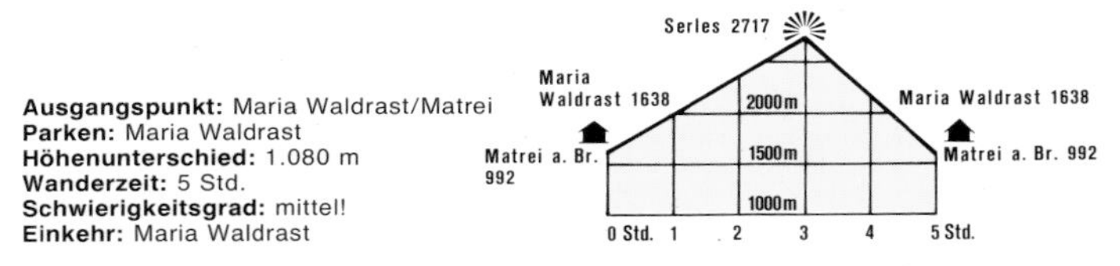


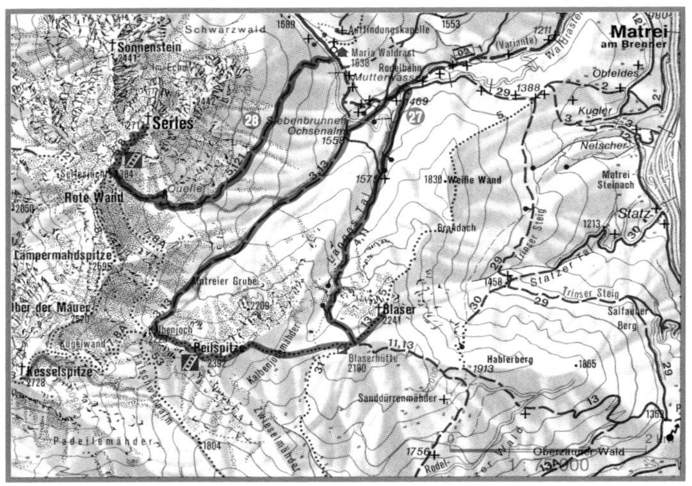


**Tourenverlauf:** Gegenüber vom Alpengasthof Maria Waldrast zweigt der gut beschilderte Weg neben dem Holzstadel ab, der uns zum Wahrzeichen der Stadt Innsbruck hinaufführt. Durch den Hochwald geht es, gemächlich ansteigend, hinaus in die Latschenzone und über karge Weiden in das weite Kar südlich der Serles. An einer Quelle vorbei windet sich der Steig höher, dem Serlesjöchl zu, wo wir gebannt hinauf zur senkrechten Roten Wand blicken. Tief unter uns erkennen wir das weiß leuchtende Haus von Wildeben. Der Gipfelanstieg ist nun nicht so schwierig, wie es die Seilsicherungen und die Eisenklammern vermuten lassen, denn nach fünf Minuten spazieren wir in zahlreichen Kehren über Schutt hinauf zum Gipfel. Nach der Gipfelrast, die Ausblicke über die Stubaier Alpen, die Tuxer Voralpen und auf Innsbruck bietet, wandern wir am Aufstiegsweg zurück nach Maria Waldrast.

## ㉙ **Wanderung:** Schönberg – Gleins – Koppeneck, 1.625 m – Schönberg

**Ausgangspunkt:** Schönberg
**Parken:** Ortsmitte
**Höhenunterschied:** 610 m
**Wanderzeit:** 3 Std.
**Schwierigkeitsgrad:** leicht!
**Einkehr:** Gleinser Hof, Koppeneck

Koppeneck 1625
Gleins 1412
Schönberg 1013
1000m
Mieders 952
500m
Schönberg 1013
0 Std. 1 2 3 Std.

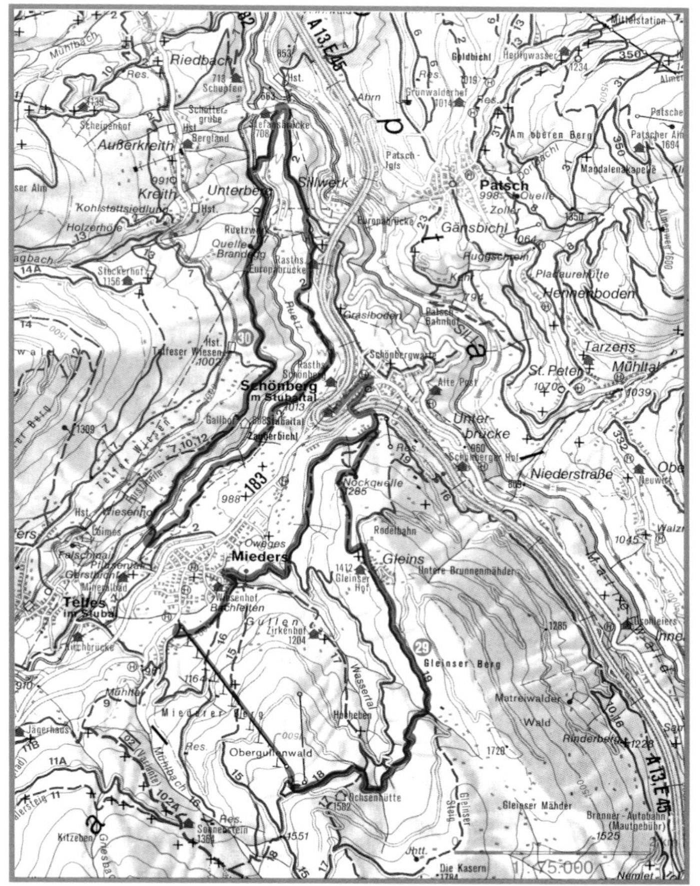


**Tourenverlauf:** Gleich neben dem Tourismusverband führt ein Gäßchen nach Südosten durch die Ortschaft Schönberg, am Ausgang des Stubaitals. Nach der Autobahnunterführung tritt man auf herrliche Waldwiesen hinaus (Skilift). Auf der engen Asphaltstraße wandern wir an lichten Lärchenwäldern vorbei bergwärts, wobei wir die Aussicht auf das Wipptal und das gegenüberliegende Viggartal genießen. Nach einer guten Gehstunde gelangt man zum Gleinser Hof (Blick in das Stubaital). Am bezeichneten Forstweg spazieren wir, nun kaum mehr mit größeren Steigungen rechnend, hinüber zum Koppeneck, 1.625 m. Mit dem Sessellift treten wir die Talfahrt nach Mieders an. Westlich der Talstation geht man wenige Schritte bergan, wandert links abbiegend unter dem Lift hindurch und spaziert immer in Nähe des Waldrandes in etwa ¾ Std. nach Schönberg zurück.

St. Peter (gegen Nordkette)

## (30) **Wanderung:** Stefansbrücke — Wiesenhof — Stefansbrücke

**Ausgangspunkt:** Unterberg
**Parken:** Stefansbrücke
**Höhenunterschied:** 400 m
**Wanderzeit:** 6 Std.
**Schwierigkeitsgrad:** leicht!
**Einkehr:** Rasthaus Europabrücke
**Karte:** siehe Seite 59

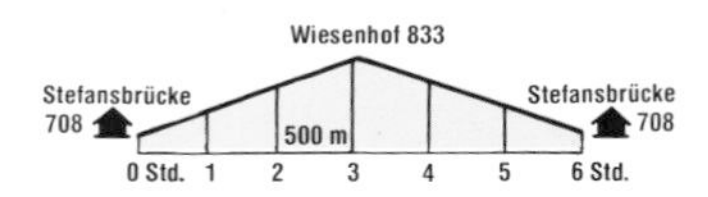


**Tourenverlauf:** Wir beginnen diese Wanderung beim Gasthaus Stefansbrücke. Wir benützen den mit Nummer 2 markierten Weg, der etwas steil ansteigend zum Rasthaus Europabrücke führt. Wer genügend Zeit hat soll es nicht versäumen, die Kapelle oberhalb der Europabrükke zu besichtigen und die herrliche Aussicht zu genießen. Ohne großen Höhenunterschied geht es dann am Wanderweg weiter und bei der Abzweigung nach rechts zum Wiesenhof. Von dort geht es nun leicht ansteigend bis zum Gallhof und zur Abzweigung Telfeser Wiesen; wir aber bleiben am Karrenweg, gehen am Ruetzwerk vorbei, und dann am Fahrweg, der uns zum Ausgangsort zurückführt.

## 31 **Almwanderung:** Mutters – Mutterer Alm, 1.608 m – Raitiser Alm, 1.553 m – Mutters

**Ausgangspunkt:** Mutters
**Parken:** im Ort
**Höhenunterschied:** 770 m
**Wanderzeit:** 2½ Std.
**Schwierigkeitsgrad:** leicht!
**Einkehr:** Mutterer Alm, Raitiser Alm, Scheipenhof
**Karte:** siehe Seite 62

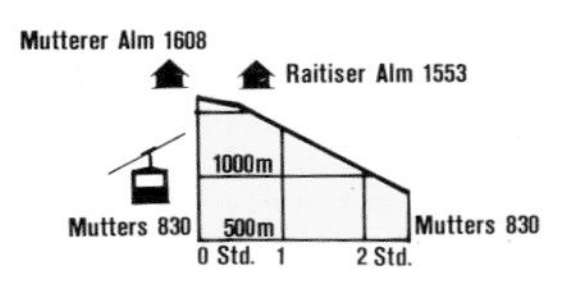


**Tourenverlauf:** Von der Ortsmitte in Mutters gehen wir in etwa ½ Std. zu Fuß hinauf zur Talstation der Muttereralmbahn. Mit der Kabinenbahn überwinden wir etwa 600 Höhenmeter. Von der Bergstation führt uns ein nahezu eben verlaufender Weg, der Kasersteig, zur südöstlich gelegenen Raitiser Alm. Von hier besteht die Möglichkeit, die Wanderung auszudehnen, indem man über die Kreither Alm, den Stocker Hof und die Telfeser Wiesen nach Telfes im Stubaital wandert, und von dort mit der Stubaitalbahn nach Mutters zurückkehrt. Unsere gemütliche Wanderung sieht den Abstieg von der Raitiser Alm entlang des Fahrweges zum Scheipenhof vor. Nach der Bachüberquerung geht es über den Waldrücken in ein weiteres Tälchen, bis wir oberhalb von Raitis die Wiesen erreichen. Durch das Mühlbachtal gelangen wir zum oberen Ortsanfang von Mutters.

## 32 **Bergwanderung:** Mutters – Nockspitze, 2.403 m – Birgitzköpflhütte, 2.035 m – Mutters

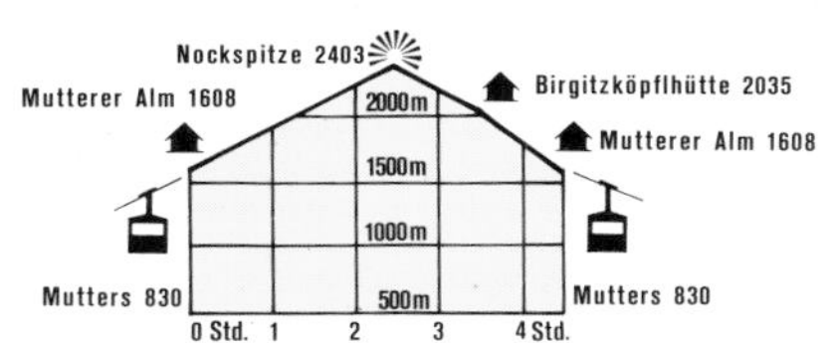


**Ausgangspunkt:** Mutters
**Parken:** Talstation Muttereralmbahn
**Höhenunterschied:** 800 m
**Wanderzeit:** 4½ Std.
**Schwierigkeitsgrad:** mittel!
**Einkehr:** Mutterer Alm, Birgitzköpflhütte
**Karte:** siehe Seite 62

**Tourenverlauf:** Von der Bergstation der Muttereralmbahn kann man auch den Sessellift zum Pfriemeskopf als Aufstiegshilfe nehmen. Von dem bereits an der Baumgrenze gelegenen Aussichtspunkt wandern wir westlich um die Pfriemeswand herum, wo auf der Schuttreise links der Steig abzweigt, der uns durch Latschengassen höher bringt. Bald queren wir in das große Kar nördlich der Nockspitze hinein (Vorsicht bei Schneeresten!). Über den teils kleinsplittrigen Fels erreichen wir den Kamm, nach dem es nun leichter über Bergrasen zur breiten Gipfelkuppe der Nockspitze hinauf geht. Der Abstieg ist ein herrlicher Spaziergang angesichts der Kalkkögel, der durch Latschenfelder zur Birgitzköpflhütte führt. Bequem ist auch der weitere Weg hinüber zur Bergstation der Muttereralmbahn, mit der wir die Talfahrt antreten.

## 33 **Bergwanderung:** Götzens – Panoramaweg – Mutters – Muttereralmbahn – Götzner Alm – Götzens

**Ausgangspunkt:** Götzens
**Parken:** im Ort
**Höhenunterschied:** 740 m
**Wanderzeit:** 3½ Std.
**Schwierigkeitsgrad:** mittel!
**Einkehr:** Mutterer Alm, Götzner Alm

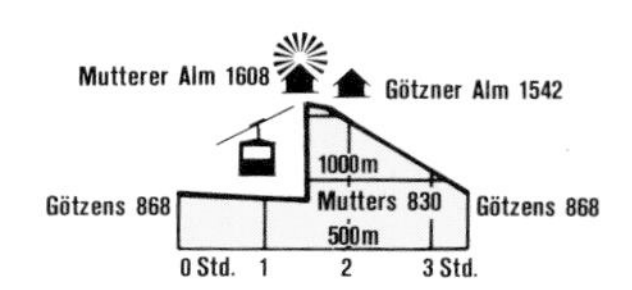


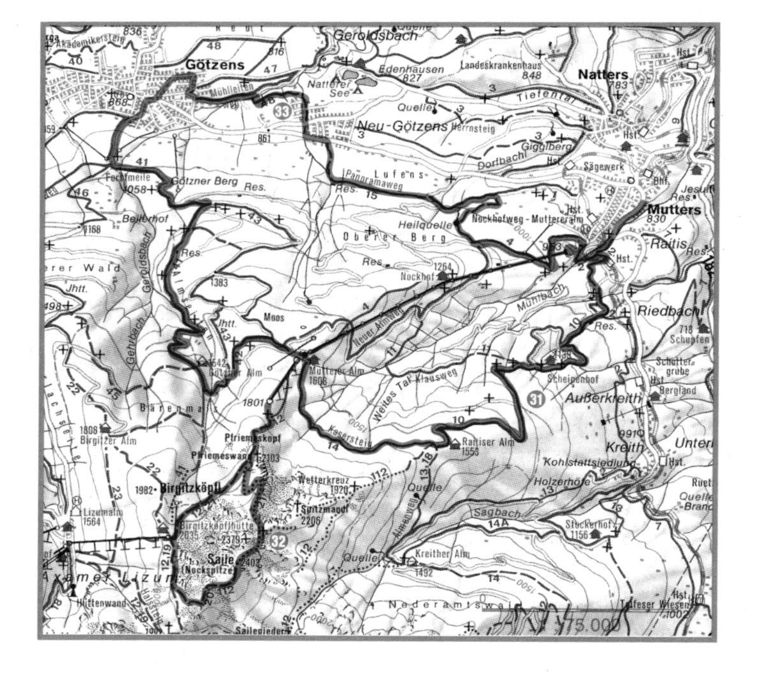


**Tourenverlauf:** Entlang der Straße nach Mutters wandern wir am Gehsteig bis zum Ortsende. Weitere zehn Minuten folgen wir der wenig befahrenen Straße durch die Wiesenlandschaft hinauf nach Neugötzens, wo wir bei der Bushaltestelle rechts auf den Panoramaweg gelangen. Oberhalb der Lufenswiesen führt uns der gepflegte Weg Richtung Mutters. Wir folgen jedoch nicht dem Fahrweg in das Dorf, sondern halten die Höhe, um zur Talstation der Seilbahn zu gelangen ( 1½ Std. von Götzens). Von der Bergstation führt uns der Weg rechts durch den Wald hinunter zur Götzner Alm. Nach der stärkenden Einkehr kann man entweder den Fahrweg (Fahrverbot) oder den abkürzenden Fußweg benützen, um nach Götzens abzusteigen.

## 34 **Bergwanderung:** Axams – Axamer Lizum – Hoadl, 2.340 m – Axamer Kögele, 2.098 m – Axams

**Ausgangspunkt:** Axams
**Parken:** im Ort
**Höhenunterschied:** 1.440 m
**Wanderzeit:** 3 Std.
**Schwierigkeitsgrad:** mittel!
**Einkehr:** Hoadl

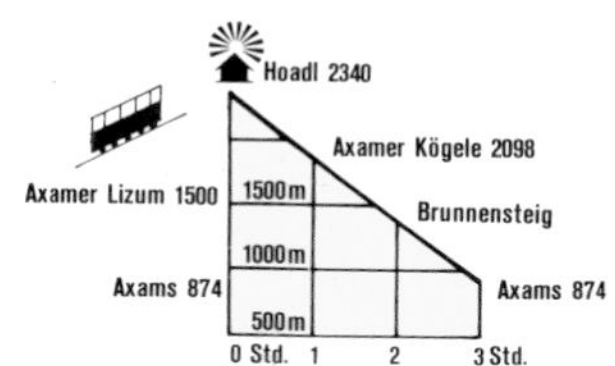


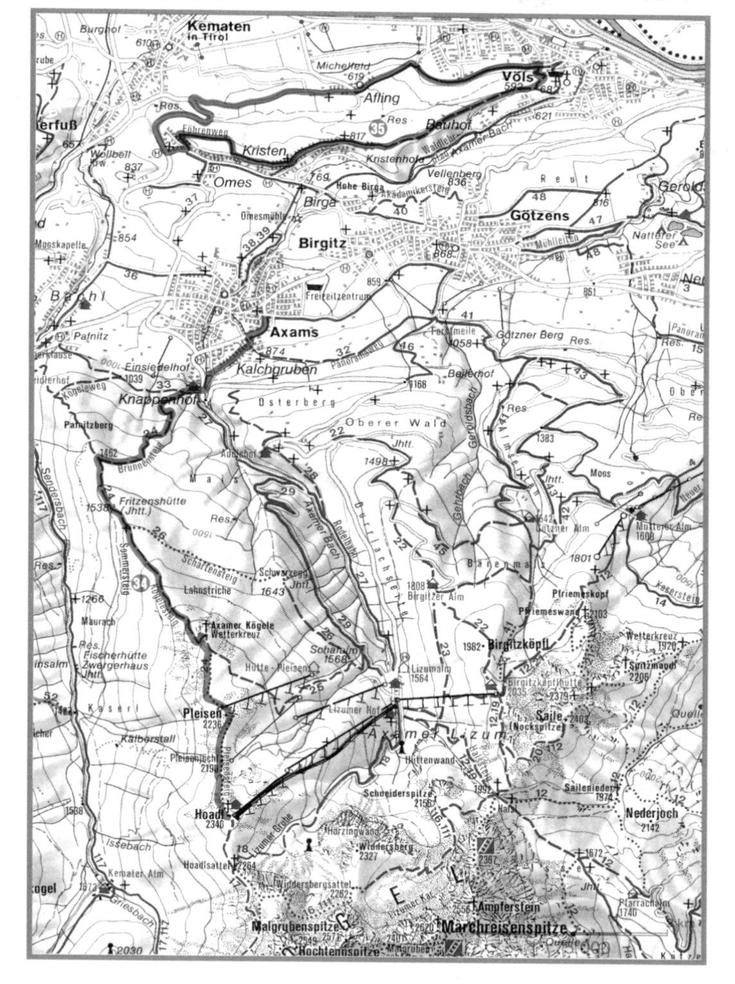

**Tourenverlauf:** Von Axams benützen wir den Autobus zur Anfahrt in die Axamer Lizum. Mit der Standseilbahn erreichen wir den Ausgangspunkt unserer Talab-Wanderung, den Hoadl, 2.340 m. Der nach Norden ziehende Kamm läßt uns Blicke in das Senderstal zur Kemater Alm tun. Immer dem Kamm entlang geht es über das Pleisenjöchl, 2.190 m, zum Pleisen, 2.236 m, und zu dem weit nach Norden vorgeschobenen felsigen Axamer Kögele, 2.198 m. Auch der weitere Abstieg führt am Kamm entlang, der nun durchwegs bewaldet ist. Nach der Fritzenshütte dauert es etwa noch $\frac{1}{4}$ Std., bis rechts der Brunnensteig den Rücken verläßt, und uns zum Axamer Bach und nach Axams hinunter führt.

Völs mit Hechenberg und Kleinem Solstein, 2.633 m

## 35 **Rundwanderung:** Völs – Omes – Kematen – Afling – Völs

**Ausgangspunkt:** Völs
**Parken:** im Ort
**Höhenunterschied:** 230 m
**Wanderzeit:** 3 Std.
**Schwierigkeitsgrad:** leicht!
**Einkehr:** in den Orten
**Karte:** siehe Seite 63

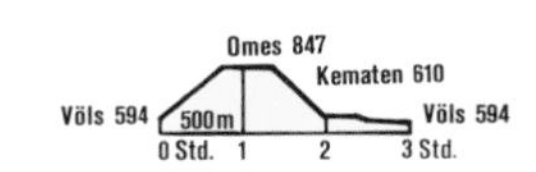

**Tourenverlauf:** Vom Sport-Neuner in der Bahnhofsstraße in Völs biegt man auf den Zugangsweg zum Blasienberg ein. Vom Kirchlein führt westwärts entlang des Kammes unser Weg zu den Kristenhöfen und nach Kristen. Obwohl man auch in das Tal absteigen kann, bleiben wir am sonnenbeschienenen Rand des Föhrenwaldes, wenn wir den Föhrenweg fortsetzen. Oberhalb von Omes spazieren wir entlang der Häuserzeile. Scharf links steigen wir nun in die breite Talebene ab, wo wir uns wieder nach rechts wenden. Nach Kematen hinunter benützen wir die Straße. Wer nicht bis in den Ort wandern will, verläßt in der Linkskehre (Schild: Afling) die Straße und folgt dem Waldrand, an Feldern vorbei. Nach der Kirche von Afling behalten wir die östliche Richtung bei. Nach der Geländestufe schwenkt man bei den Häusern gleich rechts nach Völs ein.

## 36 **Bergtour:** Grinzens — Kemater Alm — Adolf-Pichler-Hütte, 1.977 m — Kleine Ochsenwand, 2.553 m

**Ausgangspunkt:** Grinzens
**Parken:** Kemater Alm
**Höhenunterschied:** 880 m
**Wanderzeit:** 3½ Std.
**Schwierigkeitsgrad:** zur Hütte leicht! Gipfel mittel!
**Einkehr:** Adolf-Pichler-Hütte
**Karte:** siehe Seite 66

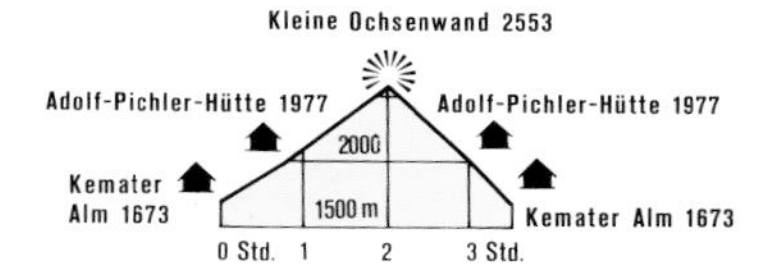


**Tourenverlauf:** Von Grinzens auf der Mittelgebirgsterrasse führt nach Süden das Senderstal direkt in das Herz der Kalkkögel. Auf der Straße kann man mit dem Fahrzeug bis zur Kemater Alm gelangen. Von dort führt ein Karrenweg in prächtiger Berglandschaft in ¾ Std. hinauf zur Adolf-Pichler-Hütte. Diese ist Stützpunkt der Innsbrucker Kletterer, die zu fast jeder Jahreszeit hier im steilen Fels unterwegs sind. Von der Hütte führt nach Südosten über die Almwiesen ein steiler Steig hinauf zur Alpenklubscharte. Tief unter uns liegt der Kessel der Schlick, rundum türmen sich steile Felsblöcke übereinander. Der Weg über den Schutt führt uns in wenigen Minuten zum Gipfel der Kleinen Ochsenwand, die meist in Verbindung mit der Großen Ochsenwand erstiegen wird (Anstieg nur für Geübte, II). Der Abstieg erfolgt wieder am bereits bekannten Weg zurück zur Hütte und von dort durch das Almgebiet zum Parkplatz.

## 37 **Bergtour:** Kemater Alm — Adolf-Pichler-Hütte, 1.977 m — Schlikker Seespitze, 2.804 m

**Ausgangspunkt:** Grinzens
**Parken:** Kemater Alm
**Höhenunterschied:** 1.130 m
**Wanderzeit:** 6 Std.
**Schwierigkeitsgrad:** zum Seejöchl leicht! Gipfel nur für Geübte!
**Einkehr:** Adolf-Pichler-Hütte

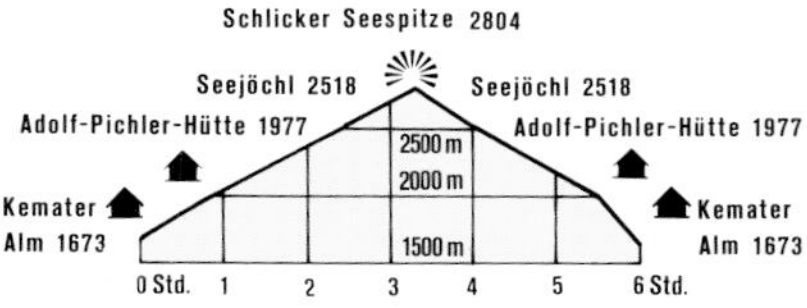

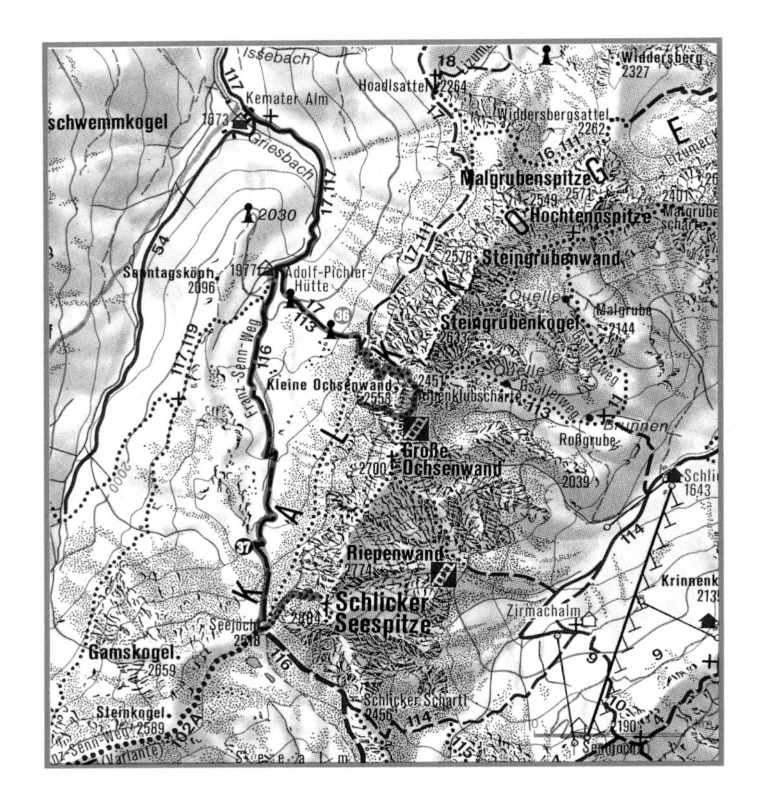


**Tourenverlauf:** Nachdem wir das Fahrzeug auf der Kemater Alm zurückgelassen haben, folgen wir dem Karrenweg zur Adolf-Pichler-Hütte. Der Steig führt durch niedere Strauchheide leicht ansteigend an einer Schwemmebene vorbei und leitet durch Blockwerk und über einen Grat zur Schutthalde unterhalb des Seejöchls. Überraschend ist der Blick, der sich öffnet: Der Burgstall, der mächtige Habicht und die Gipfel der Stubaier Alpen spiegeln sich im Wasser der beiden kleinen Seen. Der Gipfelanstieg erfolgt unter dem Westgrat der Schlicker Seespitze vorbei in die steinige Westseite und erreicht durch eine Felsrinne den Nordgrat. Über brüchiges Gestein, teils am Grat, teils in der Westflanke, steigen wir die letzten Meter zum schmalen Gipfel, dem höchsten der Kalkkögel, hinauf. Nachdem wir die Aussicht und das Gipfelerlebnis genossen haben, steigen wir vorsichtig (Achtung: Steinschlag für die Entgegenkommenden!) zum Seejöchl ab und folgen dem Weg ins Tal.

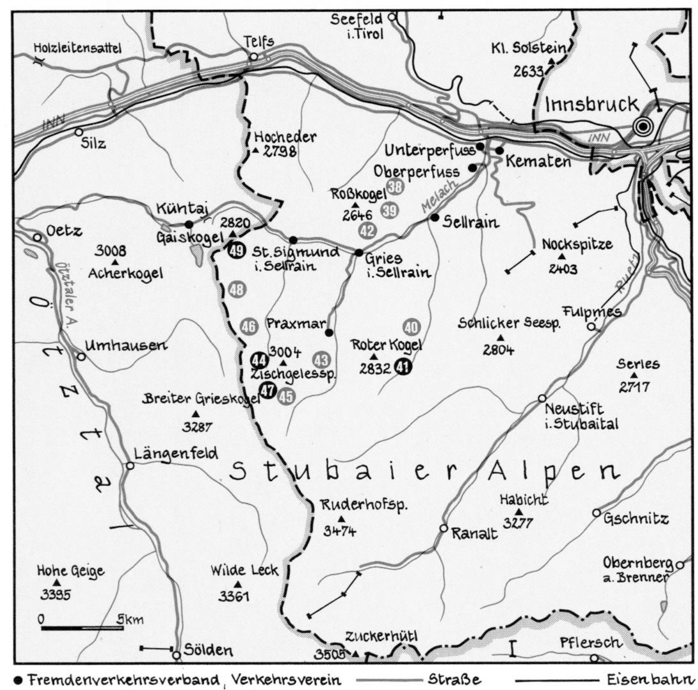


Waren es früher die Einkünfte aus dem Wäschewaschen für die Innsbrucker, die den kargen Lebensunterhalt der Bevölkerung im Sellraintal aufbesserten, so stellt heute der Fremdenverkehr eine der Hauptnebenerwerbsquellen dar.
Westlich von Innsbruck, der Landeshauptstadt von Tirol, ist dem charakteristischen Doppelgipfel des Roßkogels das von Skiliften erschlossene Gebiet des Rangger Köpfls vorgelagert. Beide zählen zu den Sellrainer Bergen, die das gleichnamige Tal umschließen. Die Gemeinde Sellrain gilt als die steilste Ansiedlung Österreichs, da es dort buchstäblich keinen ebenen Flecken in dem weit verstreuten Ort gibt. Von Sellrain zweigt nach Süden das Fotscher Tal ab, ein einsam gebliebenes Hochgebirgstal, in dessen Talschluß der kleine Fotscher Ferner glänzt. Von Gries führt das Lüsenstal zu den Gletschern der Stubaier Alpen. Durch Wald und an abgegrasten Wiesen entlang wandert man zur schmalen Brücke über den Melachbach, um gleich dahinter über steile Serpentinen hinauf nach Praxmar zu gelangen. Hoch über dem Lüsens-

 ◂◂ Lüsener Fernerkogel, 3.298 m, mit Lüsener Ferner

tal kann man auf der sonnigen Terrasse den Blick zur Hohen Villerspitze und gegen den Lüsener Ferner schweifen lassen. Noch besser aber ruht man sich bei den freundlichen Wirtsleuten bei einem Glas Bier aus, wenn man vom Zischgeles oder der Lampsenspitze zurückgekehrt ist. Im Winter sind die Lifte beim Haus gut frequentiert und der Pisten- wie auch der Tourenfahrer kommen beim Pulverschnee auf ihre Rechnung. Zweigt man bei Kniebis links ab, so gelangt man auf einer schmalen Asphaltstraße zum Gasthof Lüsens in der Talebene am Fuß des Lüsener Fernerkogels. Weite Wiesen, ein bequemer Weg hinauf zum Westfalenhaus und ein je nach Jahreszeit munter fließender Bach laden zum Wandern und Verweilen ein. Für den Bau des Kraftwerkes Sellrain-Silz war es notwendig geworden, nahezu alle Bäche durch Stollen anzuzapfen. Das Wasser wird in den Speichern Längental und Finstertal gespeichert.
Von Gries gelangt man über St. Sigmund auch nach einigen Kilometern in die Hotelsiedlung Kühtai, wo besonders der Wintersport während der langen Saison (Kühtai liegt über 2.000 Meter hoch) ausgeübt wird. Von Kühtai aus besteht eine gute Straßenverbindung in das Ötz- und Inntal. Doch schon vor Kühtai zweigen zwei der stillsten Täler Tirols in die noch unberührte Gebirgswelt ab: Das Gleirschtal und das Kraspestal, in denen auch erholsame Wanderungen vorgestellt werden (Tour Nr. 47 und 48)!

## Ortsbeschreibungen:

### GRIES IM SELLRAIN

Bezirk Innsbruck-Land, Seehöhe: 1.238 m, Einwohnerzahl: 500, Postleitzahl: A-6182. **Auskunft:** Tourismusverband Gries i. S., Tel. 05236/224. **Bahnstation:** Kematen (15 km); Busverbindung mit Kematen und Innsbruck sowie Kühtai und Juifenau.

**Sehenswert**

In der 1734 erbauten **Pfarrkirche** befinden sich ein Rokokoaltar mit einem Bild von A. Kirchebner (1778) und eine Rokokokanzel.

### KEMATEN IN TIROL

Bezirk Innsbruck-Land, Seehöhe: 610 m, Einwohnerzahl: 2.100, Postleitzahl: A-6175. **Auskunft:** Tourismusverband Kematen i. T., Tel. 05232/2434. **Bahnstation:** im Ort; Busverbindung mit Innsbruck, Völs, Zirl, Telfs und in das Sellraintal.

**Sehenswert**

Die **Pfarrkirche zum hl. Viktor** wurde 1391 urkundlich erwähnt und erfuhr im Laufe der Jahrhunderte mehrfache Umgestaltungen. Freskenreste aus der Zeit von 1420–1450 sind noch erhalten. — Der **Burghof** war der ehemalige landesfürstliche Ansitz Pirschenheim. Die Kapelle stammt aus dem 16. Jh., wurde jedoch barockisiert.

### KÜHTAI

Ortsteil der Gemeinde Silz, Bezirk Imst, Seehöhe: 2.020 m, Einwohnerzahl: 50, Postleitzahl: A-6183. **Auskunft:** Tourismusverband Kühtai, Tel. 05239/222. **Bahnstation:** Ötztal (20 km), Innsbruck (35 km), Busverbindung mit Innsbruck und Ötztal-Imst.
**Bergbahnen:** Mehrere Sessel- und Schlepplifte.

### Sehenswert

Bereits 1288 wird ein Schwaighof urkundlich genannt, 1628 wird er als **Jagdschloß** Erzherzog Leopolds v. Tirol umgebaut, schöne Decken und Täfelungen. – **Kraftwerk Sellrain-Silz** mit den Speichern Längental und Finstertal.

## OBERPERFUSS

Bezirk Innsbruck-Land, Seehöhe: 814 m, Einwohnerzahl: 1.900 m, Postleitzahl: A-6173. **Auskunft:** Tourismusverband Oberperfuß, Tel. 05232/81489. **Bahnstation:** Kematen (3 km); Busverbindung mit Kematen und Innsbruck.
**Bergbahnen:** Skigebiet Rangger-Köpfl: Sessel- und Schlepplifte.

### Sehenswert

Die **Pfarrkirche zur hl. Margareth** wurde 1733 auf den Resten einer alten Kapelle errichtet. Der Unterbau des Turmes ist gotisch. – In der Schule befindet sich das kleine, sehenswerte **Peter-Anich-Museum.** Peter Anich, Mathematiker und Kartograph, erstellte im 18. Jahrhundert die erste Landesaufnahme Tirols (unter Kaiserin Maria Theresia).

## ST. SIGMUND IM SELLRAIN

Bezirk Innsbruck-Land, Seehöhe: 1.513 m, Einwohnerzahl: 150, Postleitzahl: A-6182. **Auskunft:** Tourismusverband St. Sigmund i.S., Tel. 05236/8247. **Bahnstation:** Kematen (18 km); Busverbindung mit Kematen und Innsbruck.

### Sehenswert

Um 1490 wurde die **Pfarrkirche zum hl. Ulrich** von Erzherzog Sigismund dem Münzreichen errichtet. Die Deckengemälde stammen vom Innsbrucker J. M. Schmutzer (1779).

## SELLRAIN

Bezirk Innsbruck-Land, Seehöhe: 908 m, Einwohnerzahl: 1.200, Postleitzahl: A-6181. **Auskunft:** Tourismusverband Sellrain, Tel. 05230/244. **Bahnstation:** Kematen (9 km); Busverbindung ins Kühtai und mit Innsbruck.

### Sehenswert

Barocke Stationsbilder an der 1701 erbauten **Pfarrkirche zur hl. Anna.** – **St. Quirin:** Kirchlein aus dem Jahr 1496 mit gotischem Inventar (Aposteldarstellung um 1390). – Rote Kapelle (frühbarock).

## UNTERPERFUSS

Bezirk Innsbruck-Land, Seehöhe: 599 m, Einwohnerzahl: 200, Postleitzahl: A-6175. **Auskunft:** Tourismusverband Unterperfuß, Tel. 05232/2759. **Bahnstation:** Kematen (3 km); Busverbindung mit Telfs und Innsbruck.

### Sehenswert

Der **Ansitz Ferklehen** wurde in der Mitte des 16. Jh.s auf älteren Resten aufgebaut. Ende des 16. Jh.s war das Schloß im Besitz von Erzherzog Ferdinand von Tirol. 1703 wurde es durch Brand teilweise zerstört. Schöne Rokokokapelle mit Herz-Jesu-Sonnenuhr. – Die **Filialkirche zur hl. Katharina** wurde anstelle einer 1648 geweihten Kapelle 1761 neu gebaut. Im Innern Deckenbilder von Anton Kirchebner (1761), Stukkaturen und Kanzel im Rokokostil.

## 38 **Bergtour:** Oberperfuß – Stiglreith – Roßkogelhütte, 1.777 m – Roßkogel, 2.646 m

**Ausgangspunkt:** Oberperfuß
**Parken:** Gasthof Stiglreith
**Höhenunterschied:** 1.280 m
**Wanderzeit:** 6 Std.
**Schwierigkeitsgrad:** mittel!
**Einkehr:** Stiglreith, Roßkogelhütte

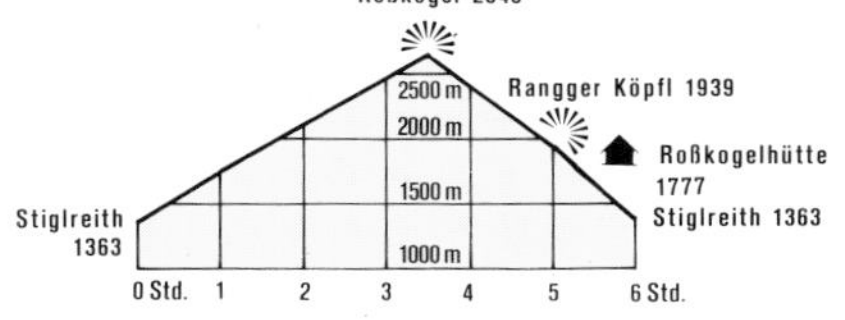


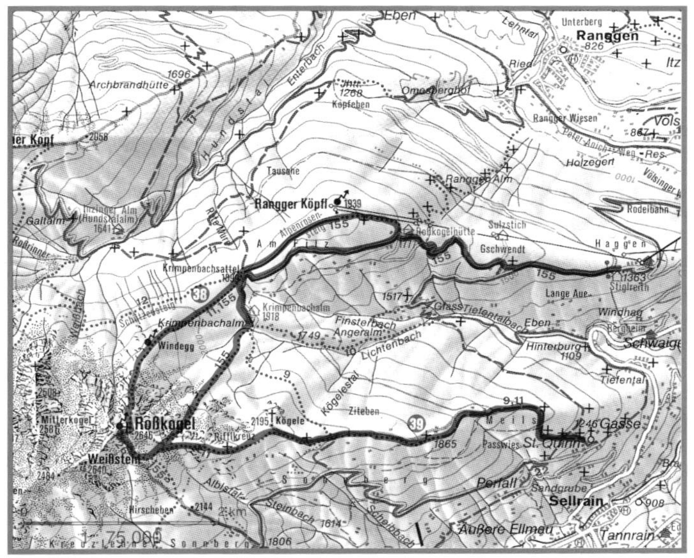


**Tourenverlauf:** Von Oberperfuß führt eine steile, asphaltierte Bergstraße zur Jausenstation Stiglreith. Vom großen Parkplatz wandert man entlang einer Forststraße (Fahrverbot!) bergan und erreicht auf dieser die Roßkogelhütte an der Waldgrenze. Ohne Höhenverlust gelangen wir zu den Hütten der Krimpenbachalm, wo der eigentliche Gipfelanstieg beginnt. Auf einer Geländerippe führt der Steig in engen Serpentinen zu einer Mulde empor, aus der man durch felsiges Gelände den Ostgrat erreicht. Von der Südseite steigt man durch die Grasflanke zum spitzen Doppelgipfel empor. Der aussichtsreiche, aber etwas niedrigere Ostgipfel lädt zu einer ausgiebigen Gipfelrast ein. Wer weniger trittsicher ist, wählt den Anstiegsweg für den Abstieg. Bei trockenem Wetter kann man auch am steilen, grasdurchsetzten Nordgrat absteigen, der, in einen breiten Rücken übergehend, zum Rangger Köpfl ausläuft. Bei der Roßkogelhütte vorbei endet die Tour beim Ausgangspunkt.

 **Bergtour:** Sellrain – St. Quirin – Roßkogel, 2.646 m

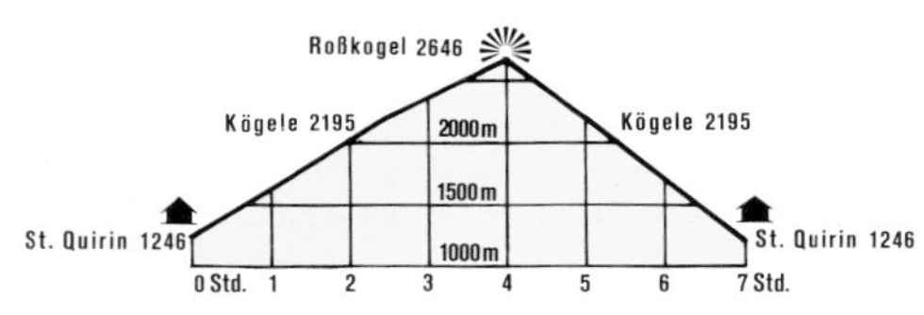


**Ausgangspunkt:** Sellrain/St. Quirin
**Parken:** St. Quirin
**Höhenunterschied:** 1.400 m
**Wanderzeit:** 7 Std.

**Schwierigkeitsgrad:** mittel!
**Einkehr:** St. Quirin
**Karte:** siehe Seite 73

Pfarrkirche in Sellrain

**Tourenverlauf:** In der Ortsmitte von Sellrain zweigt beim Café Anni rechter Hand ein steiles, enges Bergsträßchen ab, das in mehreren Serpentinen die Nordseite des Tales erklimmt. St. Quirin, unser Ausgangspunkt, liegt bereits in 1.246 m Seehöhe. Von der Wegverzweigung 100 Meter oberhalb der Kirche gehen wir links an den letzten Höfen vorbei. Bei einem Gatter endet der asphaltierte Weg. Etwa 50 Meter später biegen wir beim Marterl rechts ab (Wegweiser) und steigen durch den

Hochwald nach Meils empor. Nach etwa 1½stündiger Wanderung haben wir die Waldgrenze erreicht und spazieren nun über den Bergrasen entlang des Rückens dem Gipfel zu. Vom Kögele weg begleitet uns rechts der felsige Hang, während zur Linken sich Wiesen ausbreiten. Nur spärliche Spuren weisen uns den Weg, der ohnehin durch den Kammverlauf vorgezeichnet ist. Beim Schartl mündet von rechts der Steig ein, der vom Rangger Köpfl ebenfalls zum Roßkogel zieht. Nach vierstündigem Aufstieg haben wir den Gipfel erreicht. Der Abstieg folgt wieder dem Aufstiegsweg nach St. Quirin.

## 40 **Wanderung:** Sellrain – Fotscher Tal – Potsdamer Hütte, 2.009 m

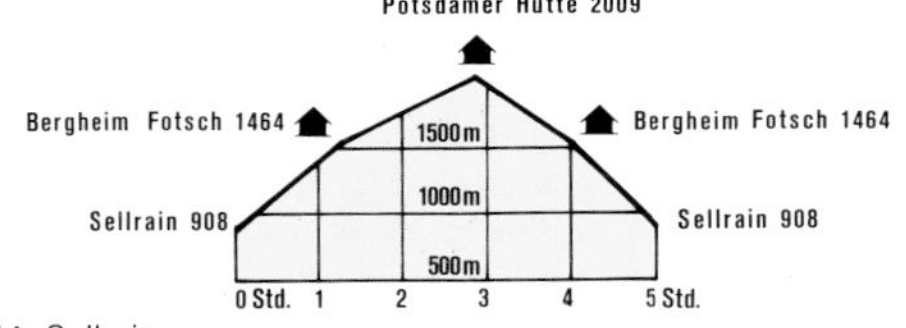


**Ausgangspunkt:** Sellrain
**Parken:** bei der Brücke über den Fotscher Bach (Zufahrt bis zum Bergheim Fotsch im Sommer möglich, im Winter ist die Straße an Wochenenden nachmittags für den Verkehr gesperrt – Rodler!)

**Höhenunterschied:** 920 m
Wanderzeit: 5 Std.
**Schwierigkeitsgrad:** leicht!
**Einkehr:** Bergheim Fotsch, Potsdamer Hütte
**Karte:** siehe Seite 76

**Tourenverlauf:** Entweder vor oder auch nach der Brücke über den Fotscher Bach (¼ Gehstunde südlich von Sellrain) stellen wir das Fahrzeug ab und folgen dem breiten Fahrweg taleinwärts. (Zufahrt: Siehe **Parken**). Begleitet von der schäumenden Ache wandern wir in 1½ Stunden bis zum Bergheim Fotsch. Von der östlich oben gelegenen Fotscher Hütte setzen wir den Weg fort, der durch Fichtenbestände bald wieder den Bach erreicht und bei der Kaseralm, 1.669 m, den Wald hinter sich läßt. Kurz vor dem Erreichen der Alm wechseln wir über den Steg auf die andere Bachseite und treffen nach einer weiteren Stunde bei der herrlich gelegenen Potsdamer Hütte ein. Abstieg wie Anstieg.

## 41 **Bergtour:** Sellrain – Bergheim Fotsch – Roter Kogel, 2.832 m

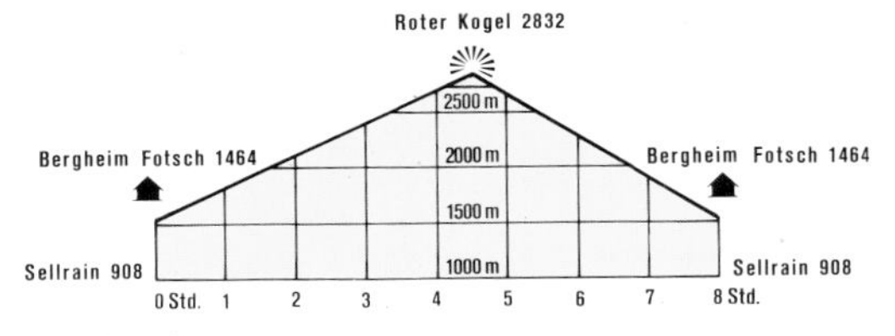


**Ausgangspunkt:** Sellrain
**Parken:** bei der Brücke über den Fotscher Bach
**Höhenunterschied:** 1.730 m

**Wanderzeit:** 8 Std.
**Schwierigkeitsgrad:** nur für Geübte!
**Einkehr:** Bergheim Fotsch

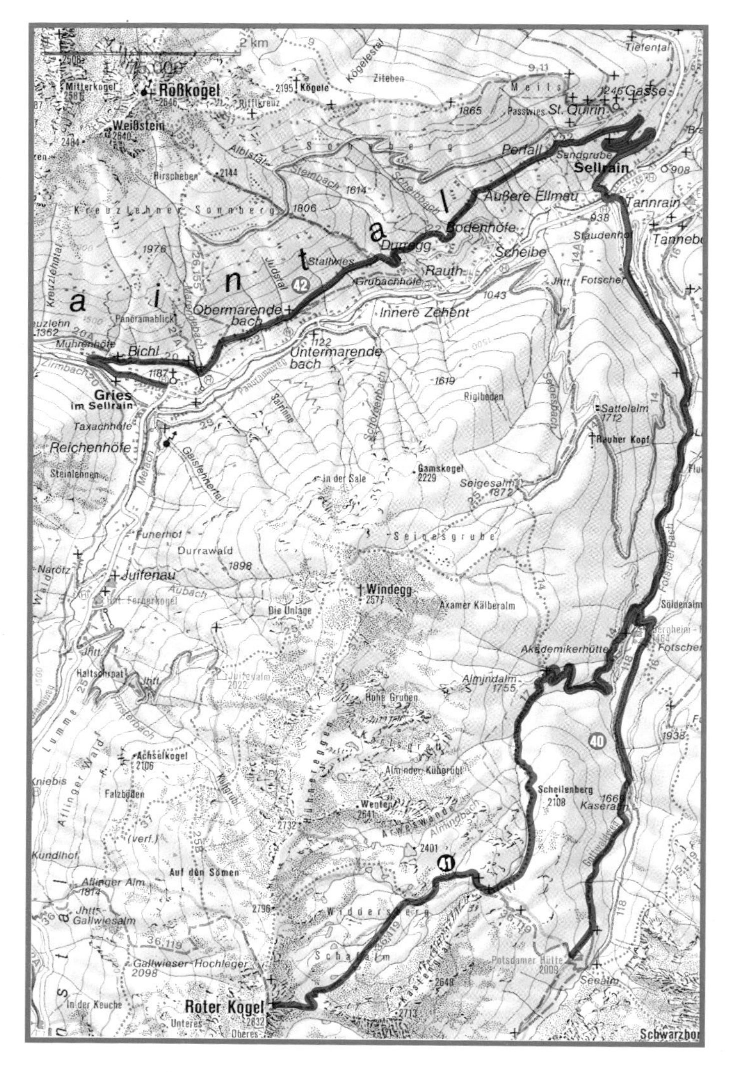


**Tourenverlauf:** Wie bei Wanderung 40 beschrieben, gelangen wir zum Bergheim Fotsch. Vom Alpengasthof folgen wir der Straße hinauf zur Almindalm. Der Steig folgt dem Verlauf des kleinen Tales und betritt nach dem Durchlaß am Ende des Kastengrates das seenreiche Gebiet der Schafalm. In 2.500 Meter Seehöhe wandern wir nun bequem am leicht ansteigenden Weg dahin. Einige Serpentinen führen nun zum Ostgrat empor, über den wir unschwierig den Gipfel erreichen. Beim Anblick der nordostseitigen Almböden verwundert es nicht, daß dieser Berg ein beliebtes Skitourenziel im Winter und Frühjahr ist. Der Anstiegsweg wird auch bei der Rückkehr ins Tal benützt. Durch das schattige Tal wandern wir nach einem Besuch im Bergheim Fotsch talaus.

## 42 **Wanderung:** Sellrain — Obermarendebach — Gries

**Ausgangspunkt:** Sellrain
**Parken:** im Ort
**Höhenunterschied:** 340 m
**Wanderzeit:** 3 Std.
**Schwierigkeitsgrad:** leicht!
**Einkehr:** in beiden Orten
**Karte:** siehe Seite 76

Durregg
St. Quirin 1246
Obermarendebach
Sellrain 908
1000m
500m
Gries i. S. 1187
0 Std. 1 2 3 Std.

**Tourenverlauf:** In etwa einer Gehstunde wandern wir von Sellrain auf der engen, kurvenreichen Straße bergauf in Richtung St. Quirin. Bei der scharfen Rechtskehre, etwa 10 Minuten vor dem Erreichen des Kirchleins, biegen wir links auf den Zufahrtsweg nach Perfall ein. Nach zwei Bächen, deren Übergänge gegen Hochwasser abgesichert sind, erreichen wir die Häuser Sellrain 143 und 142. Von dort folgen wir dem Wiesensteig hinüber zum Wald, erreichen die Heuhütten bei der Isse und steigen durch einen Graben nach Durregg hinüber. Von diesem Wiesenrücken geht es weiter in den tief eingeschnittenen Steinbachgraben, aus dem wir über einen Holzsteg hinaus auf den Bergrücken gelangen, wo der Grubachhof steht (rot markiert). Diesem Rücken folgen wir nun bergwärts, bis wir westlich die Asphaltstraße erreichen, die von Stallwies mit grünen Schildern und der Markierung »22« bezeichnet ist. Über Obermarendebach wandern wir bequem hinunter nach Gries, von wo man mit dem Autobus nach Sellrain zurückkehrt.

Blick auf die Speicher Längental und Finstertal

## 43 **Talwanderung:** Gries im Sellrain – Lüsens

**Ausgangspunkt:** Gries im Sellrain
**Parken:** Ortsmitte
**Höhenunterschied:** 450 m
**Wanderzeit:** 5½ Std.
**Schwierigkeitsgrad:** leicht!
**Einkehr:** Alpengasthof Lüsens, Praxmar

Praxmar 1689 Lüsens 1634
Gries 1187 1500 m 1000 m Gries 1187
0 Std. 1 2 3 4 5 Std.

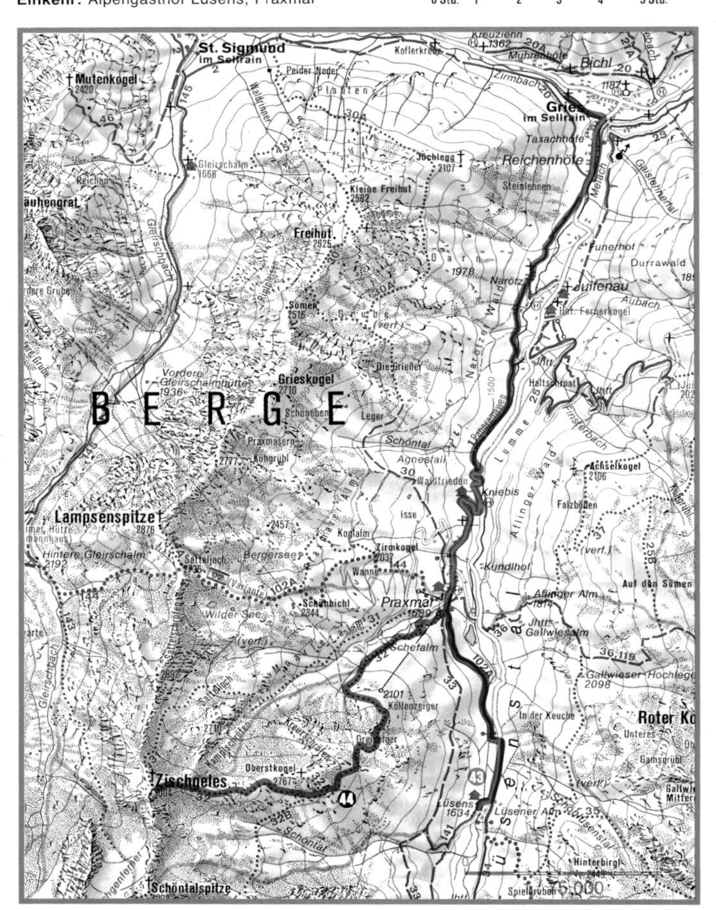


**Tourenverlauf:** Von der Ortsmitte in Gries wandert man am Tennisplatz vorbei und biegt vor der Brücke über die Melach rechts ab. Ein traumhaft schöner Wiesenweg führt an Heustadeln und Baumgruppen vorbei aufwärts zum Weiler Narötz gegenüber von Juifenau. Abseits der Straße wandert man an der schäumenden Melach entlang und betritt erst wieder die Straße bei der engen Holzbrücke, nach der es in mehreren Kehren über die Talstufe nach Kniebis emporgeht. Nun verfolgen wir die Straße bis zu den Höfen von Praxmar und legen eine Rast auf der sonnigen Terrasse des bekannten Gasthofs ein. An vereinzelt stehenden Bäumen vorbei gehen wir abwärts, dem Talschluß entgegen. Im flachen Talgrund, beim Gasthof Lüsens, ist unser Ziel erreicht. Für den Rückweg empfiehlt sich die Wanderung entlang der Asphaltstraße nach Kniebis und über Juifenau am Hang entlang nach Gries.

## 44 **Bergtour:** Praxmar – Zischgeles, 3.004 m

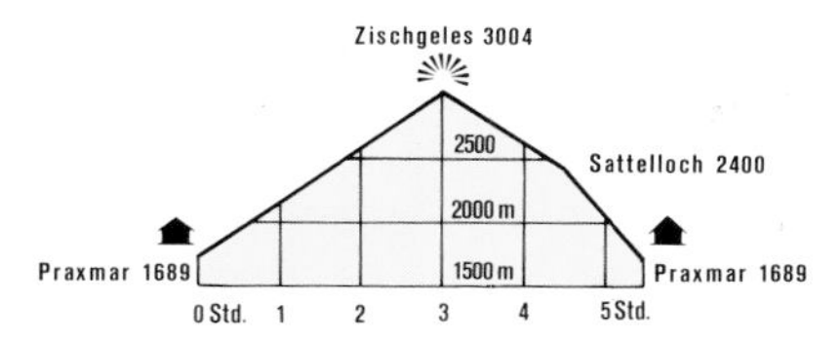


**Ausgangspunkt:** Praxmar
**Parken:** beim Gasthof in Praxmar
**Höhenunterschied:** 1.320 m
**Wanderzeit:** 5½ Std.
**Schwierigkeitsgrad:** nur für Geübte!
**Einkehr:** Praxmar
**Karte:** siehe Seite 78

**Tourenverlauf:** Vom Parkplatz halten wir uns links und gehen bei der Skilift-Talstation vorbei, wobei man den Wegspuren schwer folgen kann. Rechts des Liftes, am Bach entlang, wendet man sich etwa in der Höhe der Bergstation nach links und steigt zu dem weit sichtbaren Steinmann »Dreizeiger« an. Abwechslungsreich und bei prachtvoller Aussicht auf den Lüsener Fernerkogel führt der gut angelegte Weg, immer am Hang entlang gegen Süden und biegt erst beim Oberstkogel nach Westen um. Wie über eine schräge Terrasse durchsteigt man das felsige Gelände, wenn plötzlich die Felsspitze des Zischgeles sichtbar wird. Über eine breite, nach Südwesten abstürzende Scharte kommt man zum Gipfelaufschwung, den man über plattige Felsen erklettert. Der Abstieg vom Gipfelkreuz erfolgt über feinkörniges Gestein nach Norden dem Grat entlang und durch das Hochtal nach rechts hinunter. Nach den Kamplschrofen steigt man durch das Sattelloch, einen felsdurchsetzten Abbruch, hinunter und folgt dem Weg an der Wasserabzapfung für das Kraftwerk Sellrain–Silz vorbei, hinunter nach Praxmar.

## 45 **Bergwanderung:** Lüsens – Westfalenhaus, 2.276 m

**Ausgangspunkt:** Lüsens
**Parken:** beim Alpengasthof
**Höhenunterschied:** 640 m
**Wanderzeit:** 4½ Std.
**Schwierigkeitsgrad:** leicht!
**Einkehr:** Alpengasthof Lüsens, Westfalenhaus

Westfalenhaus 2276
Lüsens 1634
Lüsens 1634
2000 m
1500 m
0 Std. 1 2 3 4 Std.

**Tourenverlauf:** Von Lüsens folgt man dem Fahrweg entlang der Melach in den weiten Talschluß des Lüsenstales. An der Talstation der Materialseilbahn und dem Jugendheim vorbei, wendet man sich nach rechts und steigt steil zwischen Baumgruppen hinauf zu den verfalle-

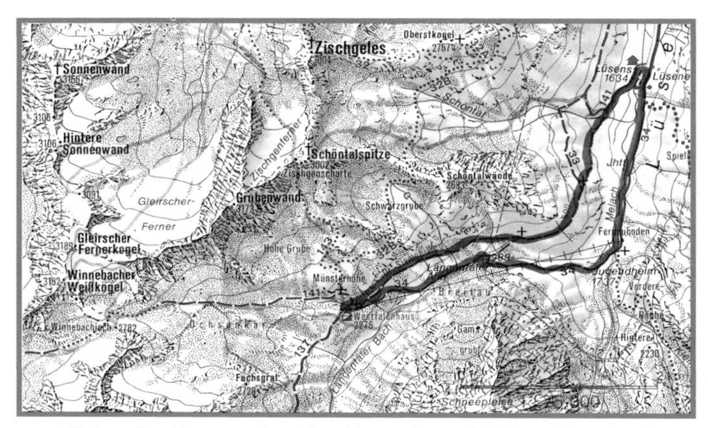


nen Hütten der Längentaler Alm. Unter den mächtigen Felsabstürzen des talbeherrschenden Lüsener Fernerkogels überquert man dort den Längentaler Bach, wandert eine Zeitlang eben dahin und traversiert die nördliche Hangseite hinauf zur Hütte. Die Umgebung der Hütte mit den vielen Felsblöcken wirkt besonders für Kinder einladend. Als Abstiegsweg kann man den Dr.-Siemon-Weg benützen, der am Hang entlang mehrere Gräben quert und später durch Wald zum Ausgangspunkt Lüsens zurückführt.

Silberdistel

## 46 **Bergwanderung:** St. Sigmund – Pforzheimer Hütte, 2.310 m

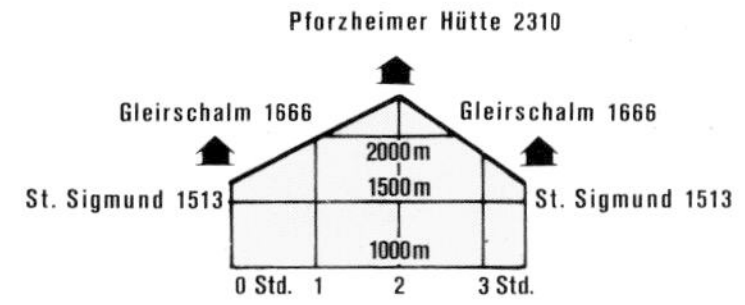


**Ausgangspunkt:** St. Sigmund
**Parken:** Gleirschalm
**Höhenunterschied:** 640 m

**Wanderzeit:** 3½ Std.
**Schwierigkeitsgrad:** leicht!
**Einkehr:** Pforzheimer Hütte

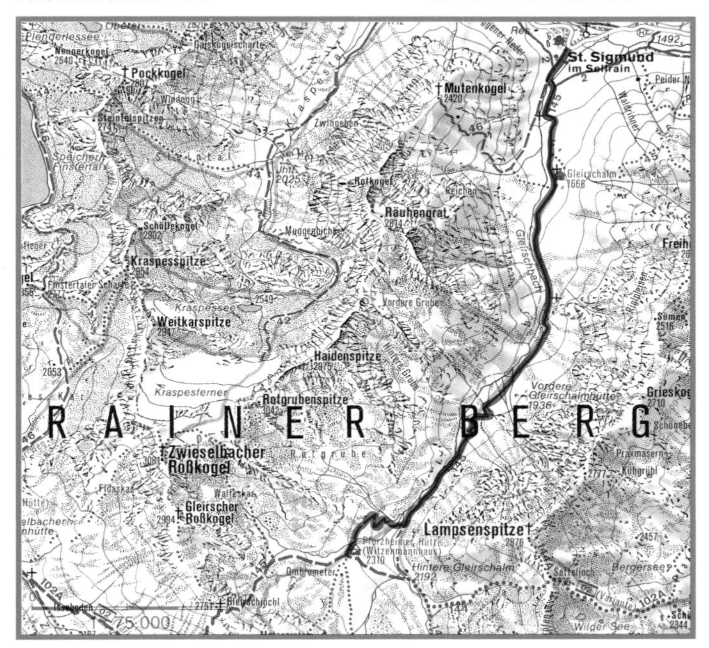


**Tourenverlauf:** Von St. Sigmund aus wandert man auf einem bequemen Weg zur Gleirschalm. Links vom Brunnen beginnt der herrliche Almweg, der in den flachen Talgrund über weite Wiesen führt. Bei der Felswand gelangen wir zu einem Gatter. Nun beginnt der etwas steilere Anstieg entlang eines Karrenweges, umgeben von herrlicher Alpenflora. Schon vor der Talenge wird der Weg flacher und entlang des Baches wandernd, erblicken wir die hoch oben liegende Hütte. Bei der Materialseilbahnstation (bis hierher 1½ Std.) überqueren wir den Bach und steigen vom flachen Talboden über die Serpentinen von Osten her zum beliebten Schutzhaus empor. Als kurzer Hüttenausflug ist der einstündige Abstecher zum Gleirschjöchl, 2.751 m, zu empfehlen (Blick in das Zwieselbachtal). Am Anstiegsweg geht es hinunter.

## 47 **Bergtour:** St. Sigmund – Grubenwand, 3.173 m

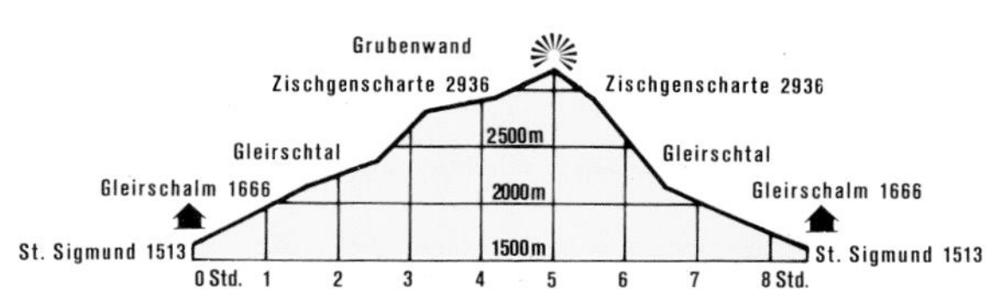


**Ausgangspunkt:** St. Sigmund
**Parken:** St. Sigmund
**Höhenunterschied:** 1.500 m
**Wanderzeit:** 8½ Std.

**Schwierigkeitsgrad:** nur für Geübte (Pickel und Seil erforderlich)
**Einkehr:** Pforzheimer Hütte

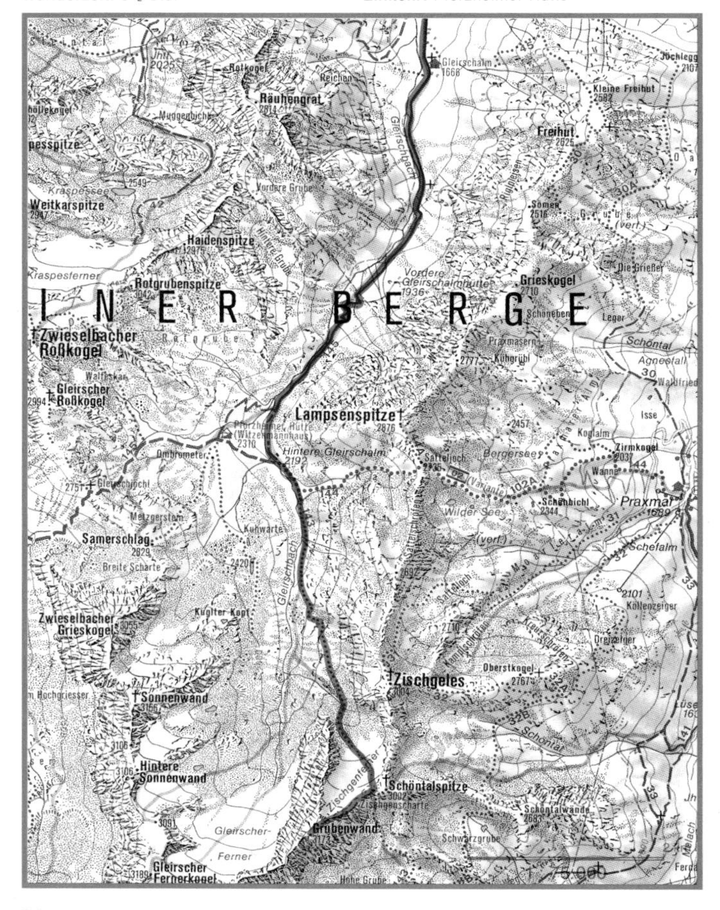

**Tourenverlauf:** Als stiller, prachtvoller Hochtourenberg gilt die Grubenwand, 3.173 m. Mit guter Kondition kann sie auch in einem Tag erstiegen werden (bei Zweitagestouren ist die Nächtigung in der Pforzheimer Hütte empfehlenswert). Wie bei der Bergwanderung Nr. 46 beschrieben, erreicht man nach 1½ Std. die Talstation der Materialseilbahn zur Pforzheimer Hütte. Wir verbleiben jedoch im Gleirschtal und wandern bei der Hinteren Gleirschalm vorbei, bis von rechts der Weg von der Pforzheimer Hütte zu uns stößt. Dort überqueren wir den Bach und bleiben nun an dessen Ostseite. Falls man die links aufwärtsziehenden Wegspuren übersieht, sollte man dem Bach bis zu der großen Schuttreise folgen, wo ein eingeschnittener Graben vom Zischgenferner herabkommt. Nach Überschreitung des Bachs kann man weglos auf der südlichen Rippe durch Graspolster und kleines Blockwerk zum Zischgenferner ansteigen, wo man auf den Weg trifft. Der spaltenarme Ferner wird nun bis zur gut erkennbaren Zischgenscharte, 2.936 m, überschritten. Angeseilt geht es nun am Fernerrand westwärts, bis man in die Felsen überwechseln kann. Großes Blockwerk wird nun mühelos überwunden, die letzten Meter sind dabei etwas ausgesetzt. Steil fällt die Südflanke der Grubenwand in das Längental ab. Dahinter erhebt sich die Felspyramide des Lüsener Fernerkogels, die Brunnenkögel und rechts davon die Ruderhofspitze. Abstieg am Anstiegsweg.

Blick auf die Plenderlesseen

## 48 **Bergwanderung:** Haggen – Kraspessee, 2.549 m

**Ausgangspunkt:** Haggen
**Parken:** beim Gasthof
**Höhenunterschied:** 900 m
**Wanderzeit:** 5 Std.
**Schwierigkeitsgrad:** mittel!
**Einkehr:** Haggen

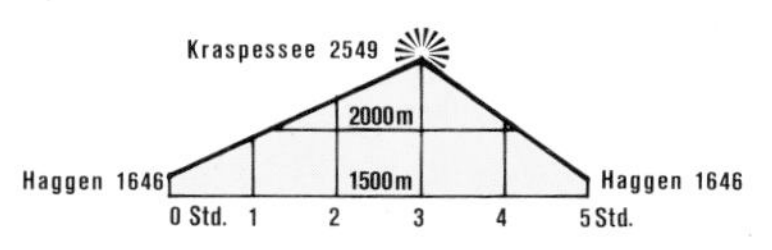

**Tourenverlauf:** Eine der einsamsten Wanderungen im Sellraintal führt uns zu einem idyllischen Bergsee in großartiger Gebirgsumrahmung. Von Haggen spazieren wir durch den grünen Wiesengrund dem Kraspestal zu. Die untere Zwing, eine Felsenge, ist bald sichtbar und wir erklimmen auf einem Steiglein rechts der Felsen diesen ersten Steilaufschwung. Nun geht es flach in den Hochtalboden hinein. Im Bogen um den Felskamm des Muggenbichls herum steigen wir durch die zweite Steilstufe hinauf. Ein enger Durchgang zur Rechten zeigt den Weiterweg zu einer kleinen Mulde. Durch großes Blockwerk wandern wir nun gegen Westen an einem kleinen Tümpel vorbei zu dem heutigen Tagesziel. Im warmen Berggras rasten wir am Seeufer und genießen die Stille, den rauschenden Gletscherbach und den Blick auf den gleißenden Firn des Kraspesferners. In etwa 2 Stunden steigen wir am Anstiegsweg wieder hinab nach Haggen.

## ㊾ **Bergtour:** Kühtai – Gaiskogel, 2.820 m

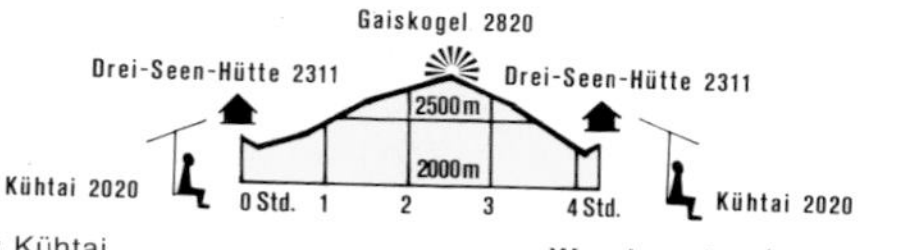


**Ausgangspunkt:** Kühtai
**Parken:** im Ort
**Höhenunterschied:** 520 m

**Wanderzeit:** 4¼ Std.
**Schwierigkeitsgrad:** nur für Geübte!
**Einkehr:** Drei-Seen-Hütte

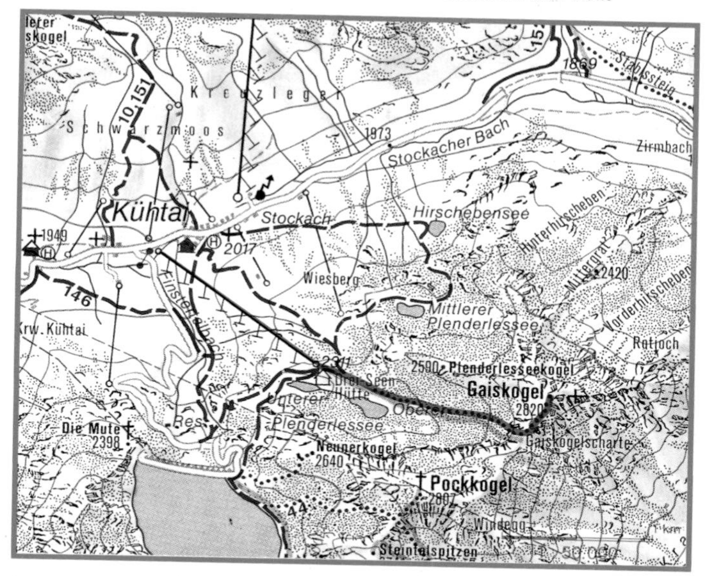


**Tourenverlauf:** Von den zahlreichen Ausflugsmöglichkeiten im Kühtai (siehe KOMPASS-Wanderbuch 902 »Ötztal – Pitztal«, Wanderung Nr. 21 Kühtai – Sulzkogel, 3.016 m, 3 Std., nur für Geübte!, und Nr. 22 Kühtai – Pirchkogel, 2.828 m, 2½ Std., mittel!), bietet der Gaiskogel jedem etwas. Die Fahrt mit der Sesselbahn hinauf zur Drei-Seen-Hütte und die anschließende Wanderung über weite Almwiesen (1 Std.) hinunter zum Ort ist eine ausgesprochene Familienwanderung (als Variante lohnt auch der Spaziergang zum n.ö. gelegenen Hirscheben-See), ebenso wie der Übergang zum Speicher Finstertal. Der Geübte wird die Besteigung des Gaiskogels erwägen. Von der Bergstation der Sesselbahn wandert man hinunter zu dem östlichen der zwei Seen und am Nordufer vorbei, dem sehr steilen Kar zu, das von der Gaiskogelscharte, 2.658 m, herabzieht. Der felsige Südgrat stellt die Verbindung zum Gipfel her, zu dem wir zuerst steil, dann flacher werdend über Felsblöcke in ½ Std. hinaufturnen. Am Anstiegsweg geht es wieder hinunter in den Ort.

# Seefeld – Leutasch – Telfs

● Fremdenverkehrsverband, Verkehrsverein — Straße — Eisenbahn
Staatsgrenze — Bezirksgrenze und Grenze der Stadt Innsbruck
(65) Lage der beschriebenen Wanderwege

In diesem Gebiet werden zahlreiche Wanderungen am Seefelder Plateau erfaßt, die schönsten Rundwanderungen in der Leutasch sowie die wichtigsten Ausflugsziele in der Umgebung von Telfs und in der Hochedergruppe.
Die Lage von **Seefeld in Tirol** ist so einmalig, daß kein anderer Ort im weiten Umkreis damit verglichen werden kann. Schon die Höhe des Seefelder Plateaus (1.200 m) und dessen weite Ausdehnung (ca. 70 qkm) geben dem Besucher und Wanderer die Gewißheit für gute Erholung und reichen Genuß. Von einem Hochgebirgspanorama umgeben, das alle Wünsche der Bergsteiger erfüllt, bietet Seefeld außerdem alles, was sich Kurgast und Wanderer erwarten. Zweimal hat sich Seefeld den Anforderungen Olympischer Spiele mit vollem Erfolg gestellt und 1985 fanden die Nordischen Skiweltmeisterschaften dort statt. Die dadurch entstandenen sportlichen Einrichtungen sind allen Besuchern heute eine willkommene Beigabe. Dazu kommt eine beachtliche Zahl an Gaststätten, Erholungszentren, Bergbahnen und ein aus-

gedehntes Netz von gepflegten Spazierwegen, die sich auf der weiten Hochfläche bis zu Tagesmärschen erweitern lassen.

Der Ort Seefeld blickt auf eine alte Geschichte zurück. An Seefeld führte die Claudia Augusta vorbei, jene Straße, die von Italien kommend durch Rätien nach Augsburg den Verkehr bewältigte. Der Name des Ortes rührt von den beiden Seen her, von denen der östliche, der sogenannte Wildsee, heute noch vorhanden ist, während der mehr westlich gelegene größere See, den einst Erzherzog Siegmund künstlich anlegen ließ, heute ausgetrocknet ist. Das Seekirchlein stand früher auf einer Insel in diesem See. Nicht immer verlebte Seefeld ruhige Zeiten. Die Kriegsjahre im 18. und 19. Jahrhundert gingen auch an diesem Ort nicht spurlos vorüber, in den Jahren 1703, 1805 und 1809 beherbergte Seefeld französische und bayerische Truppen. Am schlechtesten war das Jahr 1809, als einige Nachzügler der Truppe des Generals Beaumont Feuer legten, dem die halbe Ortschaft zum Opfer fiel. 1516 wurde neben der Kirche mit dem Bau eines Klosters begonnen, das für die Augustiner Nonnen aus dem Halltal bestimmt war. Da es nicht zur Übersiedlung der Nonnen kam, blieb der Bau im 16. Jahrhundert unvollendet. Erst unter Erzherzog Maximilian, als die Augustiner-Eremiten nach Seefeld kamen und die Pfarrei und das Kloster übernahmen, wurde im Jahre 1604 der Weiterbau des Klosters vorangetrieben. Nicht lange aber konnten sich die Mönche ihres Besitztums erfreuen, denn bereits im Jahre 1785, unter Kaiser Josef II., wurde der Konvent aufgelöst. Anno 1805 wurden die Klostergüter in Seefeld nebst dem Klostergebäude und der dazu gehörigen Brauerei um den Preis von 20.300 Gulden an den Posthalter Anton Hörting und den Metzger Nikolaus Sailer in Seefeld verkauft.

Die Geschichte von **Scharnitz** ist von den ältesten Zeiten bis zur Gegenwart von seiner geographischen Lage bestimmt: Unmittelbar nördlich von Scharnitz hat die Nord-Süd-Furche zwischen Wetterstein und Karwendel ihre engste Stelle. Schon die Römer haben hier an der Rottstraße die befestigte Straßenstation Scarbia errichtet, deren genaue Lage man allerdings nicht kennt. Seit dem Spätmittelalter haben die Landesfürsten von Tirol versucht, die Grenze gegen Bayern bis an den Scharnitzpaß vorzurücken. Im 30jährigen Krieg ließ Erzherzogin Claudia (Medici) die Schanzen anlegen, um die sowohl im Spanischen Erbfolgekrieg 1703 als auch in den Napoleonischen Kriegen gekämpft wurde. 1805 konnte sich die Festung mit 600 Mann gegen Marschall Ney so lange halten, bis die Franzosen mit 13.000 Mann, alle Sperren durch Verrat umsteigend, in ihrem Rücken standen. — Den Aufstieg als Fremdenverkehrsort verdankt Scharnitz seiner Lage an der Mündung dreier Ost-West-Täler in die Nord-Süd-Furche (Karwendeltal, Hinterautal und Gleirschtal). Obwohl der Ortsname über den mittelalterlichen Scharnitzwald auf das römische Scarbia bzw. Scarantia zurückgeht, ist das Dorf selbst nicht so alt. Erst Ende des 15. Jahrhunderts entstanden durch Rodung einige Höfe nahe der Brücke, auf der die Rottstraße die Isar überquerte. Im 17. Jahrhundert kamen einige Häuser bei der Festung Porta Claudia hinzu. Die Anwesen rechts der Isar auf dem Rain gehörten bis 1766 zum Hochstift Freising. 1840 hatte die Gemeinde Scharnitz erst 36 Anwesen. Scharnitz war in alter Zeit ein wichtiger Holzkohlenlieferant für die Stadt Innsbruck. Noch 1930 gab es Kohlenmeiler in Scharnitz.

Ob die **Leutasch** bereits zur Römerzeit besiedelt war, ist ungewiß; jedenfalls finden sich keine römischen Ortsnamen. Die Besiedlung dürfte wahrscheinlich von bayerischer Seite her erfolgt sein. Im 11. oder 12. Jahrhundert erwarben sich die Edlen von Weilheim, ein altwelfisches Geschlecht, große Besitzungen in der Leutasch. Im Jahre 1178 ging ein Teil durch Schenkung in den Besitz des Augustiner-Chorherrenstiftes Polling (Bayern) über, das anfangs einen eigenen Stiftsprediger als Seelsorger in die Leutasch entsandte. Erst Mitte des 17. Jahrhunderts wurden Weltpriester als wirkliche Kuraten eingesetzt. Die Leutascher scheinen aber nicht immer die Zufriedenheit ihrer Seelsorger erworben zu haben. So schreibt z. B. der damalige Pfarrer von Telfs, Franz von Buol, im Jahre 1777: »Das Leutascher Volk ist von frechen und ausgelassenen Sitten; die mehristen sind dem Wildschißen und aberglauben ergeben. Auch in Glaubenslehren wenig und zum theil irrig befasset.« Bis ins 13. Jahrhundert war das ganze Leutaschtal zum Werdenfelser Land (Garmisch) gehörig, dann konnten sich die Tiroler Landesfürsten in langer Auseinandersetzung behaupten und die Grenze bis an die Leutaschklamm hinaufrücken. Die Leutasch blieb lange Zeit ein stilles Tal, das allerdings in Kriegszeiten nicht verschont wurde. Schon im 13. Jh. stand auf dem »Halsl«, dem Übergang von der Unterleutasch nach Mittenwald, eine Befestigung. Als während des 30jährigen Krieges die »Porta Claudia« bei Scharnitz zugebaut wurde, erhielt auch das Leutaschtal eine Schanze als Vorwerk, die jedoch 1805 von den Franzosen durch Verrat auf dem »Franzosensteig« umgangen wurde. Erst 1913 wurde die heutige Fahrstraße durch das Leutaschtal gebaut.

An einem wichtigen Straßenpunkt im Oberinntal liegt die Marktgemeinde **Telfs.** Hier zweigt auch eine Straße ab, die über das Mieminger Plateau und den Holzleitensattel zum Fernpaß und weiter ins Außerfern führt. Der Ortskern ist malerisch. Hier tragen die Häuser vielfach Malereien, weshalb Telfs auch als »Freskendorf« bekannt wurde. Zu dem ausgedehnten Markt gehören auch u. a. die hoch über dem Inntal liegenden Ortsteile: Mösern, Buchen und Moos. Telfs hat sich in allen Belangen für den Fremdenverkehr eingerichtet. Viele Wanderwege sind in gutem Zustand; darüber hinaus wurden ein eigener Fitneß-Parcours und ein Pilzlehrpfad angelegt. Die Siedlungen am Mieminger Plateau wurden im 6. Jh. von bayerischen Einwanderern im Zuge der Völkerwanderung gegründet, wovon heute noch die bis in die Gegend um Zirl verbreiteten »-ingen, -hofen-Dörfer« zeugen, die dort an die Siedlungen der romanisierten Slawen grenzen (Götzens, Grinzens, Völs u. a.).

## Ortsbeschreibungen:

### FLAURLING

Bezirk Innsbruck-Land, Seehöhe: 675 m, Einwohnerzahl: 950, Postleitzahl: A-6403. **Auskunft:** Tourismusverband Flaurling, Tel. 05262/62134. **Bahnstation:** im Ort; Busverbindung mit Telfs und Innsbruck.

#### Sehenswert

**Pfarrkirche,** erbaut 1836, im Chor Reste des ehemaligen, gotischen Langhauses (von außen sichtbar) erhalten. Innen, rechts, schöner gotischer Marmorgrabstein des Sigismund Ris, Hofkaplan Sigmunds des Münzreichen. – **Pfarrhof,** ehemals Lustschlößchen Erzherzog Sigmunds, erbaut in der 2. Hälfte des 15. Jh.s, mit spätgotischen gratgewölbten Fluren und getäfelten Räumen. – Anschließend die 1510 erbaute, später stark veränderte **Riskapelle;** darin bemerkenswerter spätgotischer Flügelaltar mit Tafelgemälden und der Notburgaaltar aus der Mitte des 18. Jahrhunderts.

### INZING

Bezirk Innsbruck-Land, Seehöhe: 621 m, Einwohnerzahl: 3.250, Postleitzahl: A-6401. **Auskunft:** Tourismusverband Inzing, Tel. 05238/88121. **Bahnstation:** im Ort; Busverbindung mit Telfs und Innsbruck.

#### Sehenswert

Barocke **Pfarrkirche,** 1779 neu erbaut, 1260 bereits urkundlich erwähnt. Von der gotischen Kirche blieb nur der Turm aus dem 16. Jh. Die Deckenfresken, 1780 von Franz Xaver und Josef Kirchebner, das Hochaltarbild, 1766 von A. Zoller mit dem Gnadenbild Mariahilf nach Lukas Cranach, die Nebenaltarbilder von G. Grasmayr und anderen. – Zu Weihnachten werden im Ort schöne **Bauernkrippen** aufgebaut.

### LEUTASCH

Bezirk Innsbruck-Land, Seehöhe: 1.100 m, Einwohnerzahl: 1.650, Postleitzahl: A-6105. **Auskunft:** Tourismusverband Leutasch, Tel. 05214/6207, 6303. **Bahnstation:** Seefeld (14 km); Busverbindung mit Seefeld und Mittenwald.
**Bergbahnen:** Sessel- und Schlepplifte.

#### Sehenswert

Die **Jakobskirche** über der Leutaschklamm. – Der Hochaltar der um 1820 erbauten Pfarrkirche **St. Maria Magdalena** in Oberleutasch stammt aus der Klosterkirche Benediktbeuren. – Die **Kirche in Unterleutasch** wurde zwischen 1827 und 1831 erbaut.

### OBERHOFEN IN TIROL

Bezirk Innsbruck-Land, Seehöhe: 626 m, Einwohnerzahl: 1.200, Postleitzahl: A-6405. **Auskunft:** Tourismusverband Oberhofen, Tel. 05262/62747. **Bahnstation:** Telfs/Pfaffenhofen (1 km); Busverbindung mit Innsbruck und Telfs.

#### Sehenswert

**Pfarrkirche,** 1745 erbaut, Rokokostukkaturen, Hochaltarbild von K. Jele. – **Wegscheidkapelle** mit gotischen Fresken.

### PETTNAU

Bezirk Innsbruck-Land, Seehöhe: 610 m, Einwohnerzahl: 750, Postleitzahl: A-6020. **Auskunft:** Tourismusverband Pettnau, Tel. 05238/88280. **Bahnstation:** Hatting (3 km); Busverbindung mit Innsbruck und Telfs.

### Sehenswert

Die von einem Hügel weit in das Inntal hinausgrüßende **Kirche** von **Leiblfing** gehört zweifellos zu den bekanntesten Fotomotiven Nordtirols. Der Bau ist spätgotisch, wurde im Barock erweitert und umgestaltet. Fresken aus dem 15. Jh. an der nördlichen Außenwand, Stukkaturen und Kanzel um 1720. – Auch die schon 1412 urkundlich erwähnte **Kirche** von **Oberpettnau** wurde Mitte des 17. Jh.s erweitert und Mitte des 18. Jh.s umgestaltet. Deckengemälde und Hochaltarbild von J. A. Zoller, 1774. – Schöne barocke Fassaden mit Malerei oder Stukkaturen zeigen der ehemalige **Gasthof Baldauf**, der **Ansitz Sternbach** und der **Gasthof Öttl**, mit spätgotischen Gewölben im Inneren.

## PFAFFENHOFEN

Bezirk Innsbruck-Land, Seehöhe: 646 m, Einwohnerzahl: 950, Postleitzahl: A-6405. **Auskunft:** Tourismusverband Pfaffenhofen, Tel. 05262/2263. **Bahnstation:** Telfs/Pfaffenhofen; Busverbindung mit Telfs und Innsbruck.

### Sehenswert

**Pfarrkirche,** 15. Jh., im 19. Jh. erweitert; im Chor einfache Rankenmalerei aus dem 15. Jh.; figuraler Grabstein 1495. – **Totenkapelle** mit geschnitztem Vesperbild, 1700. – **Dorfbrunnen** mit Gruppe der Hl. Drei Könige, 18. Jh. – **Ruine Hörtenberg,** Bergfried und Reste der Ringmauer einer bereits 1227 urkundlich erwähnten Burg.

## POLLING IN TIROL

Bezirk Innsbruck-Land, Seehöhe: 615 m, Einwohnerzahl: 550, Postleitzahl: A-6403. **Auskunft:** Gemeindeamt Polling, Tel. 05238/88332. **Bahnstation:** Flaurling (1 km); Busverbindung mit Innsbruck und Telfs.

### Sehenswert

Die **Filialkirche** wurde Mitte des 18. Jh.s erbaut und ausgestattet. Dekkengemälde von A. Kirchebner.

## RANGGEN

Bezirk Innsbruck-Land, Seehöhe: 826 m, Einwohnerzahl: 600, Postleitzahl: A-6175. **Auskunft:** Tourismusverband Ranggen, Tel. 05232/81120. **Bahnstation:** Zirl (3 km); Busverbindung mit Zirl und Innsbruck.

### Sehenswert

1775 wurde die **Pfarrkirche** dem hl. Magnus geweiht. Die im Rokokostil gehaltenen Deckengemälde wurden vom Reuttener Maler F. A. Zeiller gefertigt. Spätgotischer Wappenstein um 1515. – **Ansitz Ferklehen** in Unterperfuß.

## REITH BEI SEEFELD

Bezirk Innsbruck-Land, Seehöhe: 1.119 m, Einwohnerzahl: 800, Postleitzahl: A-6103. **Auskunft:** Tourismusverband Reith b. S., Tel. 05212/3114. **Bahnstation:** Reith bei Seefeld (Karwendelbahn); Busverbindung mit Seefeld und Innsbruck.
**Bergbahnen:** Gschwandtkopf-Sessel- und Schlepplifte.

### Sehenswert

**Pestsäule** mit Fresken von 1604. – **Riesenhaus** mit Fresko, 1537, in Leithen. – **Dorfbrunnen** (Christophorus von J. Obleitner).

## SCHARNITZ

Bezirk Innsbruck-Land, Seehöhe: 964 m, Einwohnerzahl: 1.050, Postleitzahl: A-6108. **Auskunft:** Tourismusverband Scharnitz, Tel. 05213/5270. **Bahnstation:** im Ort; Busverbindung mit Mittenwald und Seefeld.

## Sehenswert

Die Ruinen der **Porta Claudia,** Festung erbaut 1632 unter Erzherzogin Claudia, geb. v. Medici.

Scharnitz

## SEEFELD IN TIROL

Bezirk Innsbruck-Land, Seehöhe: 1.180 m, Einwohnerzahl: 2.500, Postleitzahl: A-6100. **Auskunft:** Tourismusverband Seefeld, Tel. 05212/2313, 2316. **Bahnstation:** im Ort; Busverbindung mit Mittenwald, Leutasch, Innsbruck.
**Bergbahnen:** Standseilbahn Roßhütte, Gondelbahnen, Sessel- und Schlepplifte.

## Sehenswert

**Pfarrkirche,** erbaut 1423–1474, 1604 verlängert, spätgotische Staffelkirche unter einheitlichem Dach; reich gegliedertes Hauptportal mit prachtvoll geschnitztem Wappenstein, innen Rautennetzgewölbe mit schönen Schlußsteinen, Fresken im Triumphbogen und Chor, 15. Jh., außen am Turm Christophorus und zwei Mönche, 1617; Ausstattung: Neugotischer Hochaltar, zum Teil mit alten, gotischen Schnitzstatuen aus dem 15. und 16. Jh. Im Chor Tafelbild (Seefelder Altarwunder) von Jörg Kölderer, 1502; rechts spätgotischer Seitenaltar, darüber spätgotisches Kruzifix; an der Wand Relief »Pfingstwunder«, 16. Jh.; gotischer Taufstein, gotische Kanzel, 1525. Heilig-Blut-Kapelle vom Seitenschiff der Pfarrkirche über Marmortreppe erreichbar, erbaut 1574 von Alberto Lucchese, Hofbaumeister Erzherzog Ferdinand II., 1724 barockisiert; bemalte Stukkaturen, Deckenbilder von J. Puellacher, 1772, von diesem auch die Wandbilder in den Gängen des anschließenden ehemaligen Augustinerklosters, gegründet 1516, heute Hotel. – **Seekirchlein,** gestiftet 1628 von Erzherzog Leopold V. zur Aufnahme des wundertätigen Kreuzes; Kuppelfresken von Hans Schor, Fresken an den Chorpfeilern und Nebenaltarbilder von J. Puellacher.

Das Seekirchlein bei Seefeld

## TELFS

Bezirk Innsbruck-Land, Seehöhe: 627 m, Einwohnerzahl: 9.000, Postleitzahl: A-6410. **Auskunft:** Tourismusverband Telfs, Tel. 05262/62245. **Bahnstation:** im Ort; Busverbindung mit Innsbruck und Imst sowie mit Seefeld über Mösern.

### Sehenswert

Im **Marktzentrum** schöne Häuser mit gotischen Erkern und Fassadenbemalung. – Neuromanische **Pfarrkirche,** 1863 erbaut. – **Franziskanerkirche,** erbaut 1705, mit Hochaltarbild von Lukas Platzer, 1710. – **Maria-Hilf-Kapelle** am Birkenberg, Zentralbau vom Ende des 17. Jh.s, Kuppelfresken und Altar aus der Bauzeit, letzterer von Andreas Thamasch, Stiftsbildhauer von Stams, Rokokokanzel, Mitte des 18. Jh.s, Aufsatzbilder des linken Seitenaltares von Josef Schöpf. – Besonders erwähnenswert ist die **St. Veit-Kapelle** bei Lehen. Der reizvolle Bau, bereits 1384 geweiht und im 17. Jh. umgestaltet, läßt das Nachwirken der Gotik verspüren. Kümmernisbilder von dem einheimischen Maler Leopold Puellacher, um 1820. – Im **Heimatmuseum** interessante Masken. – **»Schleicherlaufen«**.

## WILDERMIEMING

Bezirk Innsbruck-Land, Seehöhe: 884 m, Einwohnerzahl: 600, Postleitzahl: A-6414. **Auskunft:** Tourismusverband Wildermieming, Tel. 05264/5336. **Bahnstation:** Telfs-Pfaffenhofen (7 km); Busverbindung mit Telfs und Nassereith.

### Sehenswert

Die **Kirche** wurde in der Mitte des 18. Jh.s neu erbaut und 1876 nach einem Brand in neuromanischem Stil wiederhergestellt. Außen am Turm blieb ein großes Christophorusfresko vom Ende des 16. Jh.s erhalten; innen am Hochaltar Schnitzstatuen vom Anfang des 18. Jh.s. – In der **Kapelle** in **Affenhausen** barockes Kreuz und zwei spätgotische Schnitzstatuen.

## Wanderungen und Bergtouren im Gebiet Seefeld, Leutasch und Telfs

### 50 **Wanderung:** Reith bei Seefeld – Reitherjochalm, 1.505 m

**Ausgangspunkt:** Reith
**Parken:** im Ort
**Höhenunterschied:** 375 m
**Wanderzeit:** 2½ Std.
**Schwierigkeitsgrad:** leicht!
**Einkehr:** Reitherjochalm

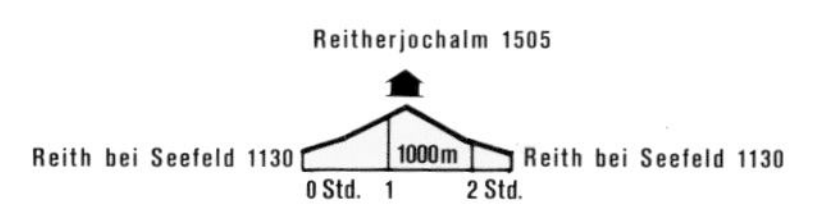


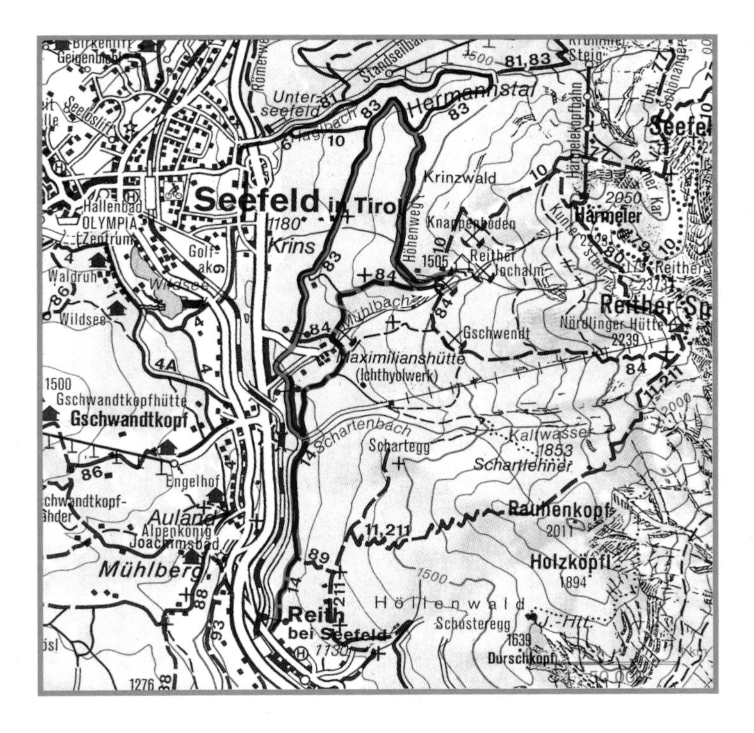


**Tourenverlauf:** Von der Ortsmitte wandern wir der Straße entlang nach Auland bis zur Bahnunterführung. Hier biegen wir rechts auf einen Fahrweg ein, der, die Bahnlinie begleitend, den Schartenbach überquert. Abermals nähern wir uns der Bahnlinie und erreichen den Mühlbach. Nach der Brücke geht es rechts aufwärts zum Ichthyolwerk, wo man früher Ölschiefer abbaute, um daraus Wundheilsalbe herzustellen. Wir überqueren nun den Asphaltweg und gelangen nach 30 Metern zur Wegteilung: Links führt der lange Fahrweg in 1½ Std. zur Reitherjochalm, rechts beginnt der steile »alte Weg« (3/4 Std.), den wir wählen. Nach etwa fünf Minuten geht der Karrenweg in einen Pfad über, der links (nicht dem Weg geradeaus folgen!) über eine Lichtung bergan führt. Unterhalb des orangen Vermessungszeichens biegt der gute Weg nach rechts um und behält diese Richtung bei, bis wir knapp unterhalb der Alm den Fahrweg erreichen, dessen letzte Kehre sich über die Wiese hinauf abkürzen läßt. Von der Reitherjochalm kehren wir am Anstiegsweg (oder länger am Fahrweg) zurück zum Ausgangspunkt.

## 51 **Höhenweg:** Seefeld – Seefelder Joch, 2.064 m – Seefelder Spitze, 2.222 m – Reither Spitze, 2.373 m – Nördlinger Hütte, 2.239 m – Reith

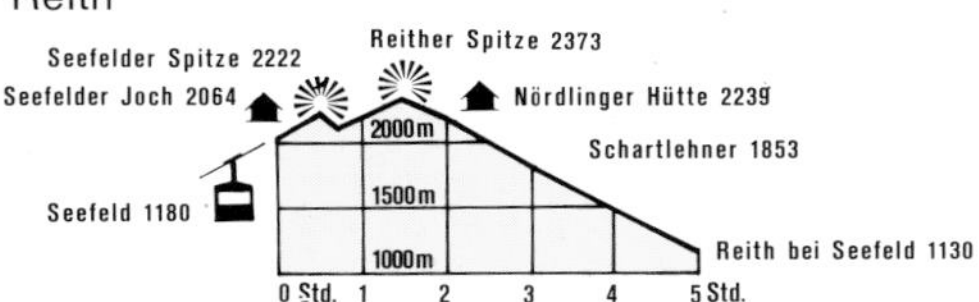


**Ausgangspunkt:** Seefeld
**Parken:** Parkplatz Standseilbahn
**Höhenunterschied:** 1.240 m

**Wanderzeit:** 5 Std.
**Schwierigkeitsgrad:** mittel!
**Einkehr:** Nördlinger Hütte

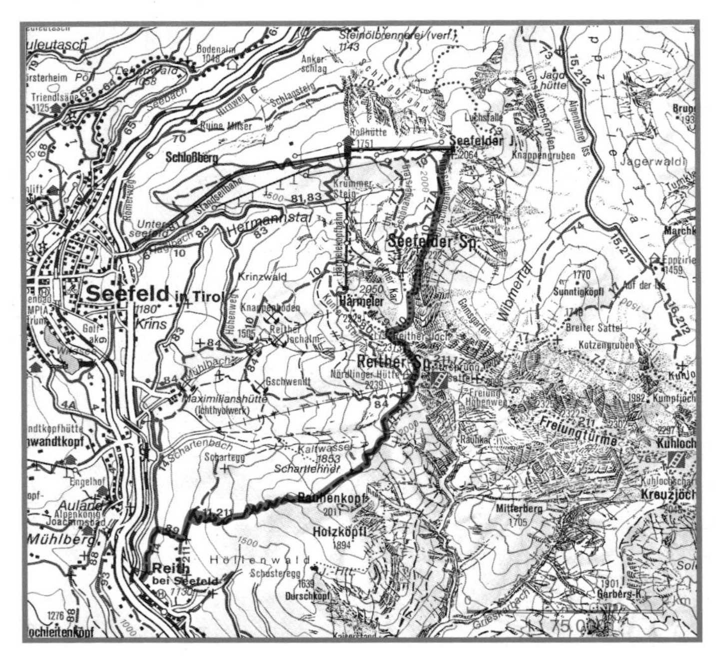

**Tourenverlauf:** Bei trockenem Wetter und mit gutem Schuhwerk ausgerüstet, stellt der Höhenweg vom Seefelder Joch bis zur Nördlinger Hütte kaum nennenswerte Schwierigkeiten dar. Von Seefeld aus benutzen wir die Standseilbahn zur Roßhütte und weiter die Gondelbahn zum Seefelder Joch, unserem Ausgangspunkt. Über den breiten Rükken wandern wir, die weitreichende Aussicht von der Zugspitze bis zur Hohen Munde sowie in die stillen Karwendeltäler genießend, zur Seefelder Spitze. Der Abstieg auf dem guten Steig bringt uns über das Reither Joch zur Reither Spitze. Den Gipfel erreichen wir über den Nordwestgrat. In 15 Minuten steigen wir vorsichtig durch den Fels zur Nördlinger Hütte ab, wo wir den anstrengendsten Teil der Hochtour hinter uns haben. Über den begrasten Rücken spazieren wir am markierten Weg 211 nach Süden und kommen nach Reith, dem Zielort unserer heutigen Wanderung (Bus- bzw. Zugverbindung zurück nach Seefeld).

**52 Höhenweg:** Seefeld – Härmelekopfbahn – Freiung-Höhenweg – Solsteinhaus, 1.806 m – Hochzirl

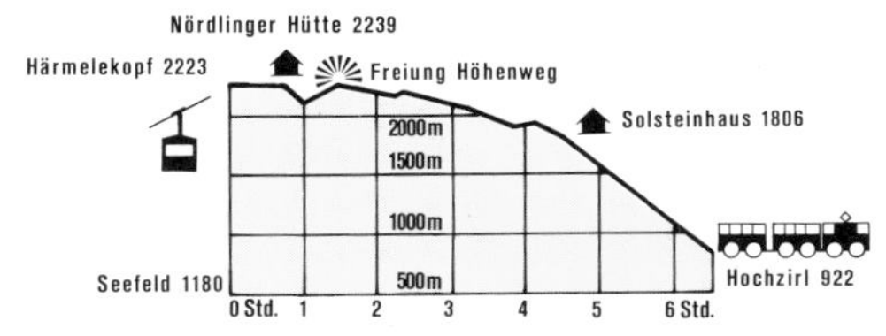


**Ausgangspunkt:** Seefeld
**Parken:** Parkplatz Standseilbahn
**Höhenunterschied:** 1.500 m

**Wanderzeit:** 6½ Std.
**Schwierigkeitsgrad:** nur für Geübte!
**Einkehr:** Solsteinhaus

Kalkformation am Freiung-Höhenweg

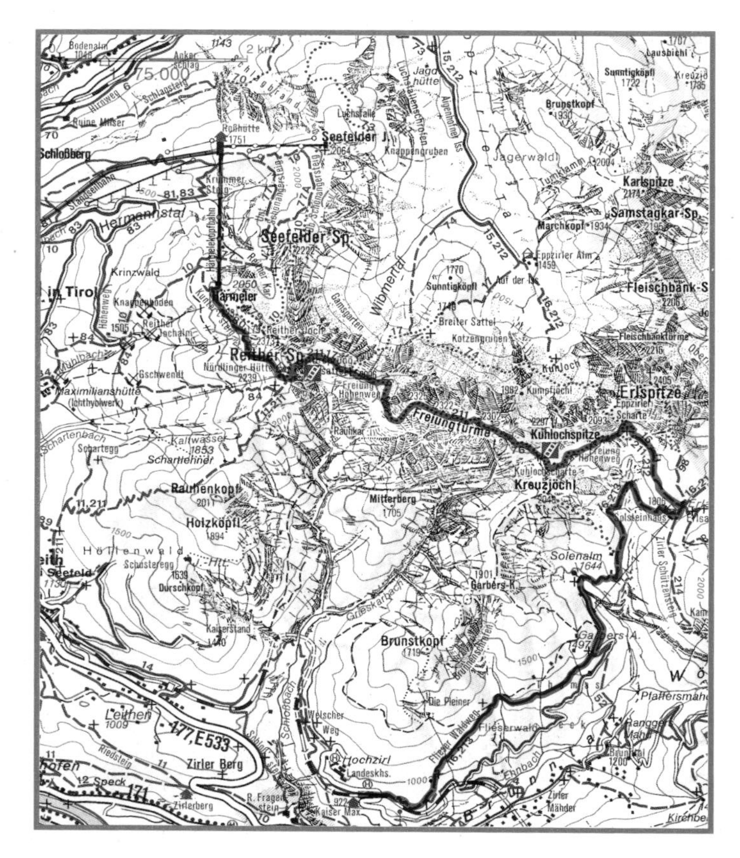


**Tourenverlauf:** Zuerst mit der Standseilbahn zur Roßhütte und dann weiter mit der Härmelekopfbahn erreicht man den Ausgangspunkt dieser wohl großartigsten Hochtour im Karwendel. Über den Kuntersteig kann auch der weniger Geübte in $^3/_4$ Std. die herrlich gelegene Nördlinger Hütte, 2.239 m, erreichen. Dort beginnt gleich am Kamm hinter der Hütte der Freiung-Höhenweg, der Trittsicherheit und Schwindelfreiheit erfordert. Über Schrofengelände steigt man zunächst ab, durchquert einige Schuttfelder und gelangt mittels Seilsicherung durch eine sandige Rinne auf den NW-Grat, der bei phantastischer Aussicht zu den Freiungtürmen emporführt. Durch einen Kamin steigt man etwa 30 Meter schräg bergan, um durch einen Felsschlupf wieder fünf Meter abzusteigen. Hoch über dem Rauchkar geht man ausgesetzt weiter (Vorsicht bei lockeren Seilen!) zur Kuhlochscharte und steigt in das Höllkar ab, wo plötzlich das Solsteinhaus sichtbar wird. Über die Eppzirler

Scharte erreicht man im Kar eine lange Schuttreise, quert nach Osten in die Felsen und muß nun seitlich unter einem Felsblock (Eisenklammer) hindurch, um durch einige Latschenfelder zum Schutzhaus zu gelangen. Am breiten Wanderweg spazieren wir zur Bahnstation der Karwendelbahn (Hochzirl) hinab, von wo man mit dem Zug nach Seefeld zurück oder nach Innsbruck gelangt.

## (53) **Wanderung:** Seefeld – Roßhütte, 1.751 m – Reitherjochalm, 1.505 m – Seefeld

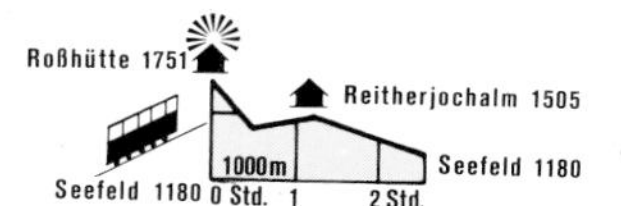


**Ausgangspunkt:** Seefeld
**Parken:** Parkplatz Standseilbahn
**Höhenunterschied:** 570 m

**Wanderzeit:** 2½ Std.
**Schwierigkeitsgrad:** leicht!
**Einkehr:** Roßhütte, Reitherjochalm

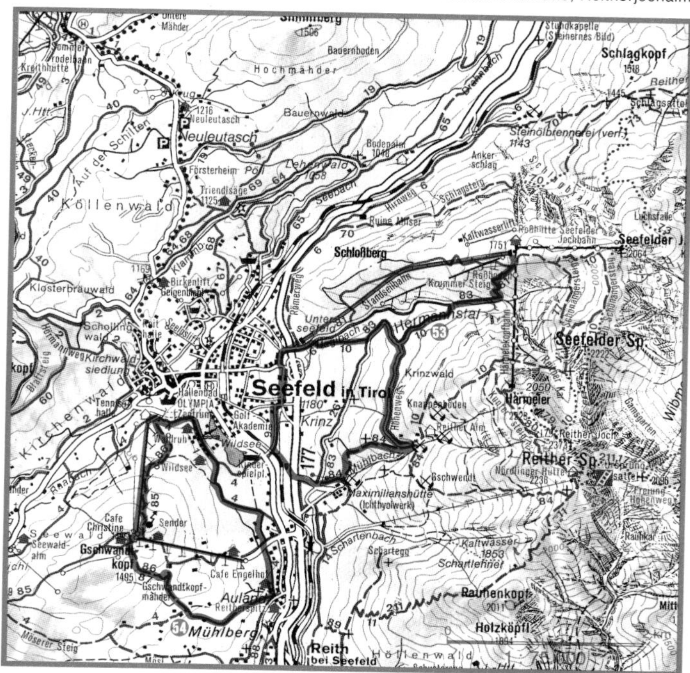


**Tourenverlauf:** Entweder mit der Standseilbahn oder zu Fuß in gut 1½ Std. (wobei man von der Talstation den Markierungen Nr. 10 bzw. 83 folgt) erreicht man den hoch über Seefeld gelegenen Ausgangspunkt unserer Wanderung, die Roßhütte. Am »Krummen Steig« geht es steil hinunter in das Hermannstal. Kurz darauf führt ein Steg auf die andere Seite des Bachs (Wasserfall!). Nach einem kurzen, steilen Gegenanstieg erreichen wir den Fahrweg zur Reitherjochalm in der Kehre (Bank, Brunnen unterhalb der Straße). Nun geht es sanft ansteigend ½ Std. südwärts. Bei herrlichen Ausblicken auf Seefeld (Almrausch entlang des Weges) erreichen wir die schön gelegenen Almwiesen. Entweder am alten Weg (steil) oder am Fahrweg geht es wieder hinunter nach Seefeld. Wählt man den Fahrweg, so kann man der Skiabfahrt bergab folgen, die zur Talstation der Standseilbahn hinabführt.

## 54 **Wanderung:** Seefeld/Reith – Gschwandtkopf, 1.495 m

**Ausgangspunkt:** Seefeld/Reith
**Parken:** Talstation der Sessellifte
**Höhenunterschied:** 400 m
**Wanderzeit:** 2 Std.
**Schwierigkeitsgrad:** leicht!
**Einkehr:** Gschwandtkopfhütte, Christine
**Karte:** siehe Seite 99

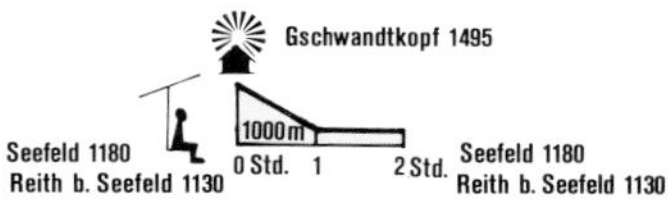


**Tourenverlauf:** Von Seefeld: Von der Bergstation der Sesselbahn lohnt sich der Abstecher am Cafe Christine vorbei zum Gschwandtkopf. Über die sanft abfallenden Gschwandtkopfmähder wandern wir talwärts. Überall findet man sonnige Plätzchen zum Rasten und Schauen. In der Weghälfte mündet von rechts der Möserer Steig ein. Am Talboden angelangt, wenden wir uns beim Cafe Engelhof nach links. Zuerst durch Wald und dann entlang dem Wildsee führt uns der Weg nach Seefeld zurück.
Von Reith: Von der Bergstation des Sessellifts spazieren wir zur Gschwandtkopfhütte hinüber, von wo wir nach Norden über die Trasse der Skiabfahrt (Weg 85 bzw. 86) zur Talstation gelangen. Mit der Wanderung entlang der Seepromenade und durch den Wald beschließen wir den kleinen Ausflug.

## 55 **Seenrundwanderung:** Seefeld – Möserer See – Lottensee – Wildmoossee – Seefeld

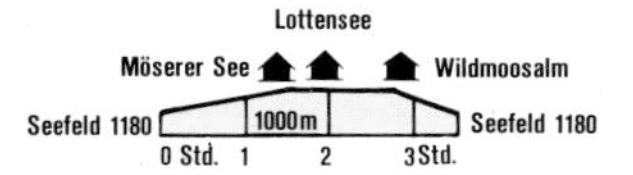


**Ausgangspunkt:** Seefeld
**Parken:** beim Tennisplatz (Richtung Mösern)
**Höhenunterschied:** 200 m
**Wanderzeit:** 3½ Std.
**Schwierigkeitsgrad:** leicht!
**Einkehr:** zahlreiche Möglichkeiten

**Tourenverlauf:** Vom Parkplatz bei der Tennishalle nimmt man den mit »2« gekennzeichneten Weg, der oberhalb der Tennishalle am Wald entlangzieht. Über die Möserer Mähder geht es sanft ansteigend zum Hubertushof und durch den Föhrenwald zum Möserer See. Nach der Umrundung des Sees (Bänke, Bademöglichkeit) verlassen wir beim südlichen Ende (Abfluß) den Waldsee und steigen Richtung Mösern ab. Gegenüber vom Kasslhof führt der schöne Pirschsteig am Waldrand

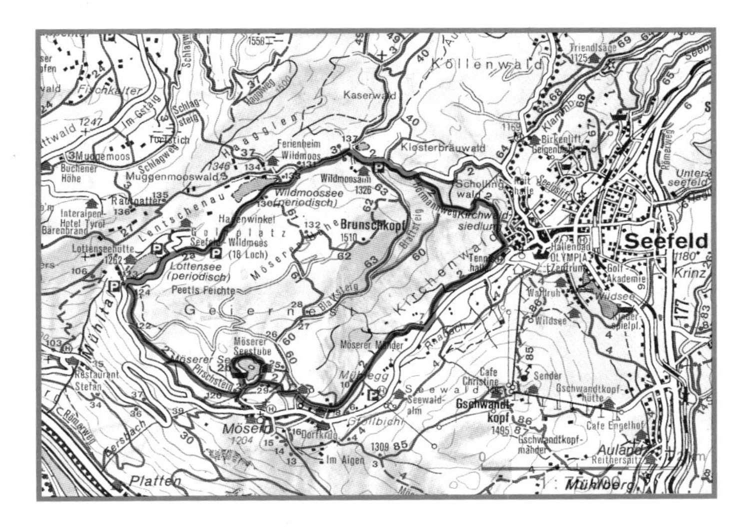


entlang bei weiten Ausblicken in das Oberinntal und das Mieminger Plateau hinüber zum Lottensee (periodisch auftretend), den wir zuletzt einige Meter entlang der Straße erreichen. Rechts vom Golfplatz geht es in ¼ Std. zum Wildmoossee (periodisch auftretend) und weiter zur Wildmoosalm, 1.326 m. In ¾ Std. gelangen wir am Hörmannweg zur Kirchwaldsiedlung, von wo wir rechts zum Parkplatz bei den Tennisplätzen zurückgelangen.

Wildsee bei Seefeld

## (56) **Wanderung:** Seefeld – Triendlsäge, 1.125 m – Bodenalm, 1.048 m – Hirnweg – Römerweg – Seefeld

**Ausgangspunkt:** Seefeld
**Parken:** im Ort
**Höhenunterschied:** 150 m
**Wanderzeit:** 2 Std.
**Schwierigkeitsgrad:** leicht!
**Einkehr:** Triendlsäge, Bodenalm

Triendlsäge 1125 – Bodenalm 1048
Seefeld 1180 – Seefeld 1180
0 Std. 1 2 Std.

**Tourenverlauf:** Von der Fußgängerzone folgen wir der Münchner Straße bis zur Apotheke, wo gleich danach links ein Gäßchen zum Seebach führt. Vor dem Bach wenden wir uns nach rechts und überqueren den Bach und die Geigenbühelstraße, kommen an einem Skilift vorbei und erreichen nach 20 Minuten die Triendlsäge. Auf der nördlichen Seite des Klammbaches spaziert man bergab zu dessen Mündung in den Seebach (Kapelle). Nach der Brücke ist man bald bei der Jausenstation Bodenalm. Nach dem Gasthof geht es hinauf zur Straße, dieser ein kurzes Stück in Richtung Scharnitz entlang, bis rechts ein Viadukt auf die andere Seite der Bahn führt. Wir schwenken rechts auf den Hirnweg ein und folgen diesem bis zur Ruine Milser. Kurz danach geht es zum

Schloßberg hinauf, von wo wir am Römerweg die Rundwanderung fortsetzen, die bei der Talstation der Standseilbahn endet. (Bei dreistündigem zeitlichem Mehraufwand läßt sich der eindrucksvolle Weg entlang der Karwendelbahn bis Hochzirl ausdehnen!) Durch die Andreas Hofer Straße spazieren wir hinunter zur Ortsmitte.

## 57 **Bergtour:** Scharnitz – Große Arnspitze, 2.196 m

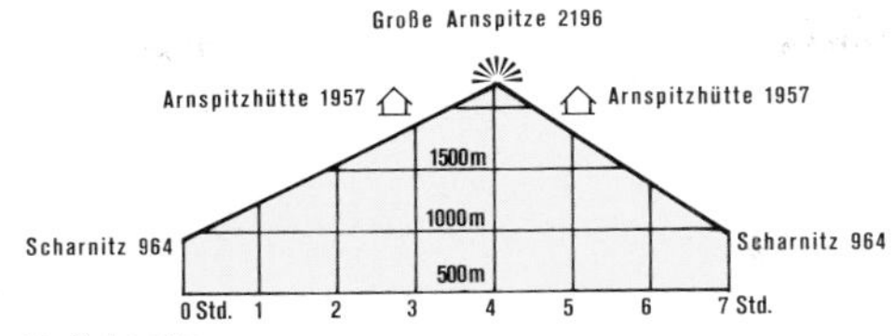


**Ausgangspunkt:** Scharnitz
**Parken:** im Ort
**Höhenunterschied:** 1.230 m
**Wanderzeit:** 7 Std.
**Schwierigkeitsgrad:** nur für Geübte!

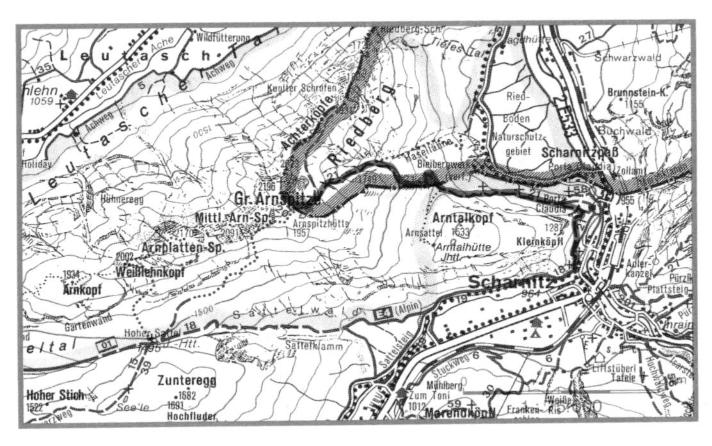


**Tourenverlauf:** Außer den vielen Wanderungen und Spaziergängen, die von Scharnitz in das Karwendelgebirge führen (siehe KOMPASS-Wanderbuch 907 »Karwendel – Rofan«), zählt die Besteigung der Großen Arnspitze zur großartigsten Tour in der näheren Umgebung des Ortes. Beim österreichischen Zollamt führt links über die Isar der Weg zur Festung Porta Claudia. Dort beginnt auch der Waldsteig, der an der Nordseite des Arntalkopfs vorbei zunächst mäßig ansteigt. Nach dem Arntal (österreichisch-deutsche Grenze) folgen zwei Stunden steiler, sonniger Anstieg bis zur unbewirtschafteten Arnspitzhütte, 1.957 m. Nach dem kurzen Anstieg zum kleinen Sattel beginnt der Felsdurchstieg zum aussichtsreichen Gipfel. Herrliche Ausblicke in das Karwendel, in das Alpenvorland und auf das Wettersteingebirge belohnen den langen Anstieg. Abstieg wie Anstieg.

# 58 **Rundwanderung:** Leutasch – Lochlehn

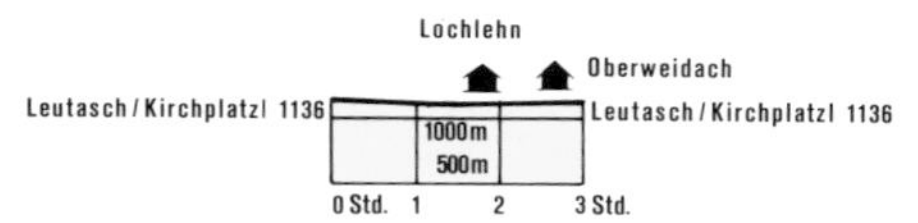


**Ausgangspunkt:** Leutasch
**Parken:** Kirchplatzl
**Höhenunterschied:** gering

**Wanderzeit:** 3 Std.
**Schwierigkeitsgrad:** leicht!
**Einkehr:** mehrere Möglichkeiten

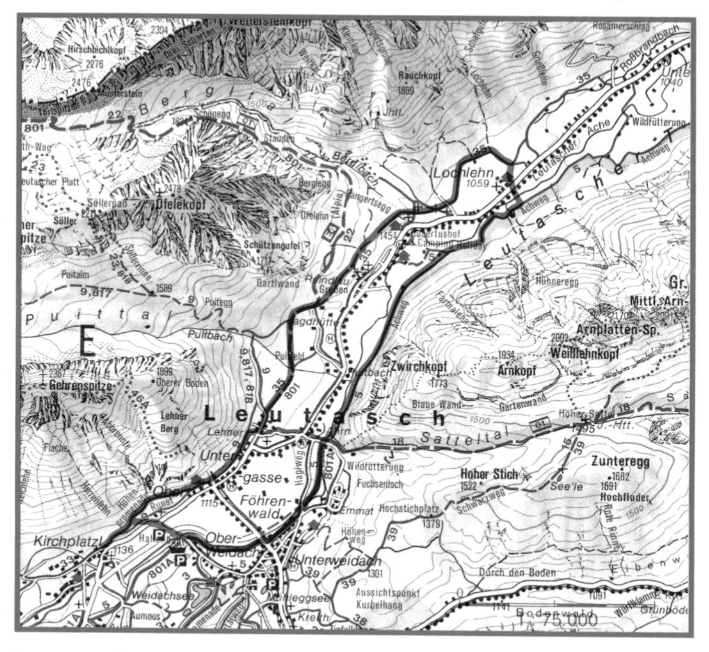


**Tourenverlauf:** Das 16 Kilometer lange Tal, in dem die Ortsteile der Gemeinde Leutasch aneinandergereiht sind, bietet wahrhaft unzählige Varianten für Spaziergänge und Wanderungen. Wir beginnen in Kirchplatzl mit unserer Rundtour und spazieren abseits der Straße über Ober- und Untergasse nach Lehner. Bald darauf überschreiten wir den Schwemmkegel des Puitbaches. Nach der Straßeneinmündung (von rechts) gehen wir jedoch nicht in das Bergltal weiter, sondern wandern oberhalb von Reindlau nach Lochlehn. Bei der Busstation (Liasnhof) wechseln wir zur südlichen Talseite. Ein wunderschön angelegter Weg führt an Wiesen und der rauschenden Leutascher Ache entlang zurück. Wo das Satteltal einmündet, überqueren wir den Bach und folgen der Promenade an Oberweidach vorbei zurück zum Ausgangspunkt in Kirchplatzl.

## ⑤⑨ **Bergtour:** Leutasch – Bergltal – Meiler Hütte, 2.372 m – Partenkirchner Dreitorspitze, 2.633 m

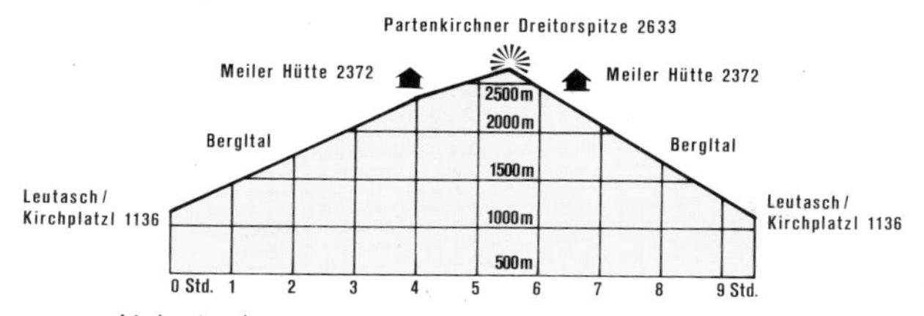


**Ausgangspunkt:** Leutasch
**Parken:** Lehner
**Höhenunterschied:** 1.470 m
**Wanderzeit:** 9½ Std.

**Schwierigkeitsgrad:** nur für Geübte! (zur Hütte mittel!)
**Einkehr:** Meiler Hütte

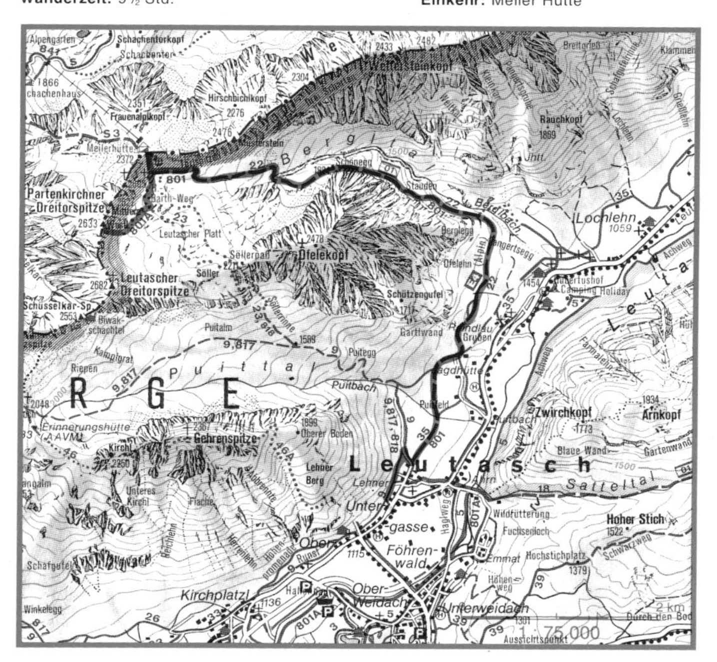


**Tourenverlauf:** Von Leutasch-Lehner gelangt man durch den Puitenbacher Wald sanft ansteigend in das Bergltal. Leicht absteigend geht es dem Berglboden zu (Blick in die Klamm). Der Steig führt ständig am südlichen Bachufer entlang, hinauf zu einer Schutthalde hoch über der tief eingeschnittenen Klamm. Über Bergrasen und Schutt gelangen wir unter den Südabstürzen des Mustersteins und der Törlspitzen, zuletzt über zahlreiche Serpentinen hinauf zur weithin sichtbaren Meilerhütte, 2.372 m (Übernachtungsmöglichkeit). Der Gipfelanstieg zur Partenkirchner Dreitorspitze am Herrmann-von-Barth-Weg zweigt kurz unter dem Dreitorspitzgatterl von dem ins Bergltal führenden Steig rechts (westl.) ab (Gedenktafel für H. v. Barth). Er führt mitten durch die Plattenabstürze der Ostwand des Nordostgipfels fast horizontal auf das Plattach zu der großen Sandreiße hin, die unter den Wänden herabzieht. In zwei großen Kehren überwindet man diese und wendet sich bei einem großen Block (sehr deutliche Markierung) gegen die Felsen. Die Abstürze des Massivs werden durch einen in der Fallinie des Mittelgipfels hervortretenden Felssporn unterbrochen. Gegen diesen wendet sich die Steiganlage. Über steile Schrofen und plattige Rinnen (Drahtseilsicherung und gute Stufen) leitet der Weg aufwärts, um ungefähr 60 bis 80 m unter dem Mittelgipfel in fast horizontaler Richtung nach links (westlich) umzubiegen. In geringer Steigung, zuletzt in Windungen über den mit groben Trümmern bedeckten Hang wird mühelos der Gipfel erreicht. ($1\frac{1}{2}$ Std). Abstieg am Aufstiegsweg.

**60** **Wanderung:** Leutasch – Kreithlift – Katzenkopf, 1.400 m – Rappenlöcher – Unterweidach

**Ausgangspunkt:** Leutasch
**Parken:** Unterweidach
**Höhenunterschied:** 300 m
**Wanderzeit:** 1 Std.
**Schwierigkeitsgrad:** leicht!
**Einkehr:** Kreithhütte

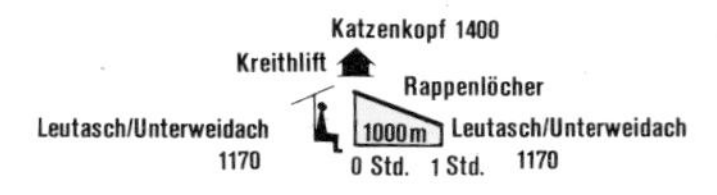


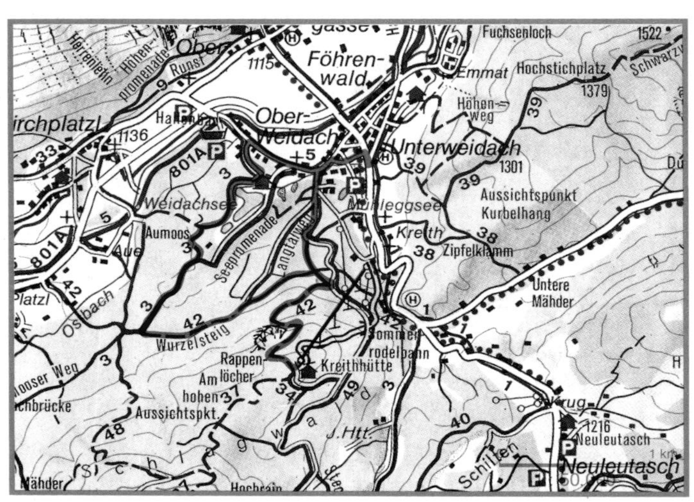


**Tourenverlauf:** Von der Hütte führt, zuerst entlang des Waldes nahe der Skiabfahrt, der schöne Weg abwärts zu den Rappenlöchern, zu denen man unbedingt einen Abstecher machen sollte. Eine Bank oberhalb der »Rappenlöcher« genannten Felswand lädt zur Rast, während der man die Aussicht zur Gehrenspitze und in die Leutasch genießt. Der

Abstieg führt nun zurück zum Weg und in mehreren Kehren steil hinunter in den Hochwald, wo man auf den Fahrweg trifft, dem man hinunter nach Unterweidach folgt. Eine lohnende Variante führt unterhalb der Rappenlöcher nach links entlang des Wurzelsteiges westwärts, bis ein Wegweiser zum Weidachsee (Forellenzucht) den Rückweg nach Ober- und Unterweidach anzeigt.

## 61 **Wanderung:** Leutasch – Weidachsee – Platzl

**Ausgangspunkt:** Leutasch
**Parken:** Platzl
**Höhenunterschied:** 100 m
**Wanderzeit:** 1½ Std.
**Schwierigkeitsgrad:** leicht!
**Einkehr:** Weidachsee

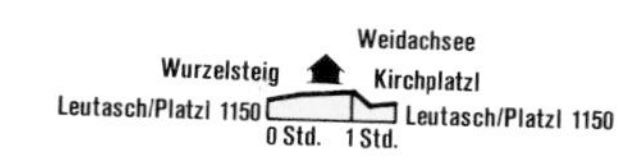


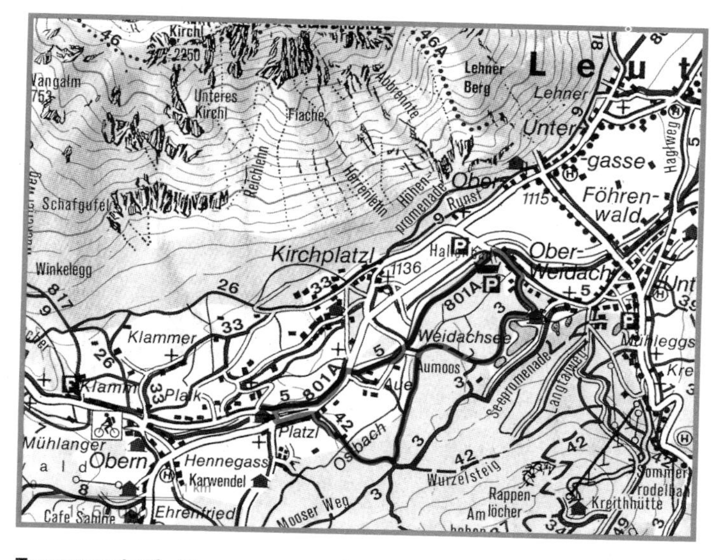


**Tourenverlauf:** Eine ausgesprochene Frühjahrswanderung nimmt in Platzl ihren Ausgang: Nach der kurzen Straßensteigung am östlichen Ortsrand von Platzl (Wegweiser: Schlagsteig, Buchen Hochmoos, Wurzelsteig, Weidachsee, Weidach) biegen wir zwischen den Bauernhöfen links ein und wandern über Wiesen und ein Bächlein zum Waldrand. Auf einem Hohlweg gelangt man links nach einem großen Tümpel zu einem Wegkreuz, das wir in östlicher Richtung verlassen, um nach etwa 300 Metern links auf den breiten Weg einzuschwenken, der uns an den Fischteichen (Forellen) vorbei zum Weidachsee hinunter führt. Vor dem Erreichen des Sees lohnt es sich, nach links etwa 100 Meter anzusteigen (Forststraße), wo sich der Seeblick befindet. Nur wenige Schritte neben dem Weg kann man bei den drei Bänken rasten und den glänzenden See betrachten, der sich unter uns ausdehnt, dahinter die roten Dächer von Oberweidach überragt von den felsigen Arnspitzen. Vom Gasthof am Nordrand des Sees erreicht man nach wenigen Schritten die Straße. Beim Erreichen der Leutascher Ache biegt vor der Brücke ein schöner Promenadenweg ab, dem wir zurück nach Platzl folgen.

## 62 **Bergtour:** Leutasch – Puittal – Gehrenspitze, 2.367 m – Wettersteinhütte, 1.717 m – Kirchplatzl

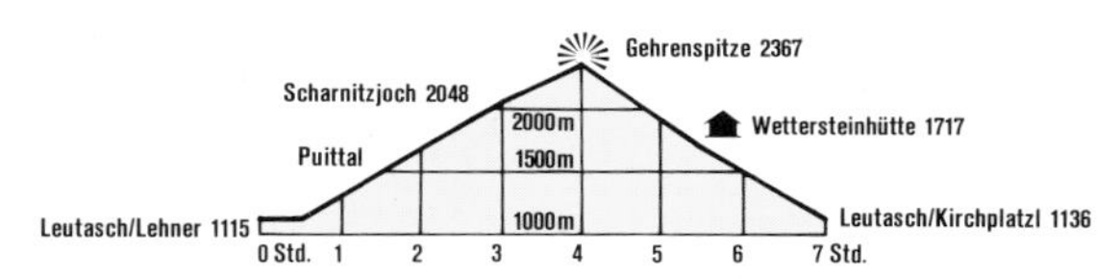


**Ausgangspunkt:** Leutasch
**Parken:** Lehner
**Höhenunterschied:** 1.290 m

**Wanderzeit:** 7 Std.
**Schwierigkeitsgrad:** nur für Geübte!
**Einkehr:** Wettersteinhütte

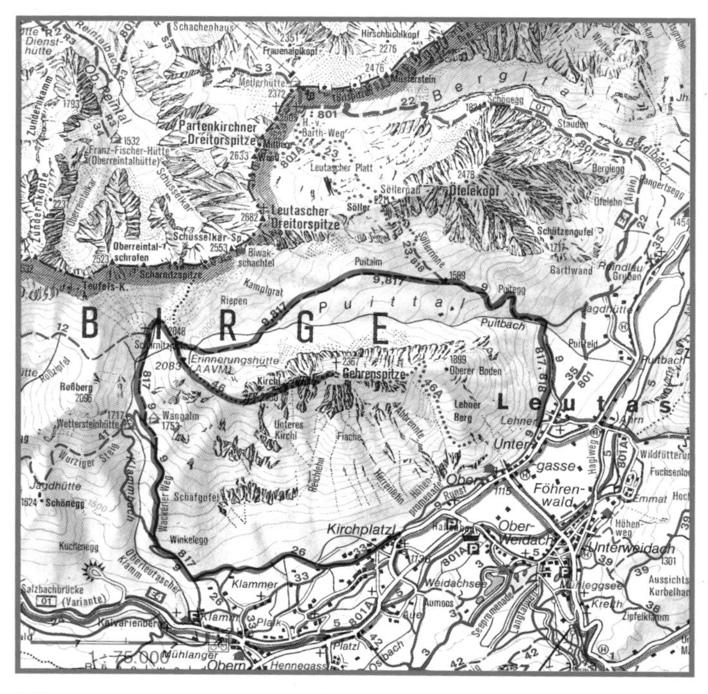

**Tourenverlauf:** Zeitig am Morgen verlassen wir Lehner und gehen in 20 Minuten bis zum Lehner Hof. Von dort erreichen wir nach einem Weidegatter den Puitbach. Nach der Brücke zieht links ein steiler werdender Weg hinauf zum Puitegg, einem guten Rastplatz mit Aussicht zu den Arnspitzen. Über die Wiesen der Puitalm geht es nun leichter weiter, die Abzweigung zum Söllerpaß und zur Meilerhütte lassen wir rechts liegen, und durch heiße Latschengassen erreichen wir das Scharnitzjoch, 2.048 m. Der Geübte kann von hier in einer guten Stunde die Gehrenspitze erreichen. Zum Joch zurückgekehrt steigen wir in das Scharnitztal ab (Felsblock mit Kreuz) und spazieren über Almwiesen zur Wangalm (zehn Minuten westlich liegt die Wettersteinhütte). Der Abstieg entlang des Wackerler Weges ist leicht und bringt uns in 1 ½ Std. hinaus zu den Klammer Mähdern und weiter nach Kirchplatzl.

Gehrenspitze, 2.367 m

## 63 **Talwanderung:** Leutasch – Gaistal

**Ausgangspunkt:** Leutasch
**Parken:** Klamm
**Höhenunterschied:** 200 m
**Wanderzeit:** 2½ Std.
**Schwierigkeitsgrad:** leicht!
**Einkehr:** Gaistalalm

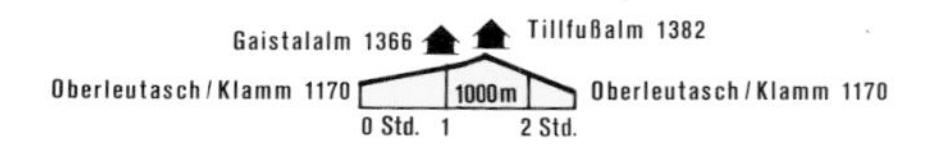


**Tourenverlauf:** Nahe dem Parkplatz in Klamm biegen wir über die zweite Brücke links ab. Auf der Südseite der Leutascher Ache wandern wir unterhalb des Kalvarienberges zur Schlosserhütte. Dort wechseln wir wieder die Bachseite und wandern am breiten Forstweg (Fahrverbot) talein. Nach eineinhalbstündiger Wanderung treffen wir bei der

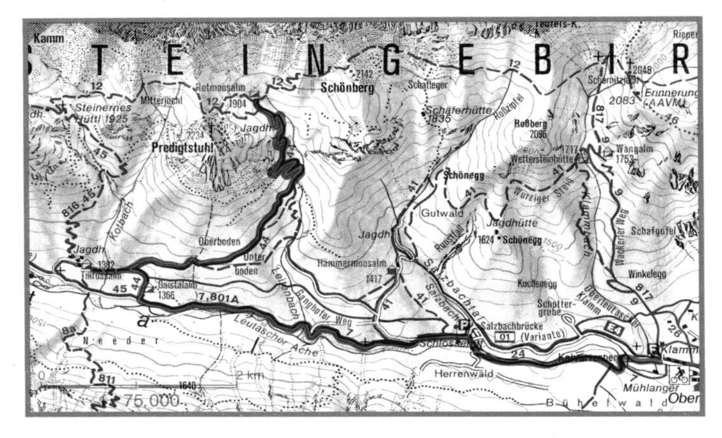


Gaistalalm ein. Wenige Minuten westlich liegt die Tillfußalm, von der man in einer Stunde zur Ehrwalder Alm und weiter nach Ehrwald wandern kann (die Rückkehr per Bus ist jedoch sehr umständlich). Wer gut zu Fuß unterwegs ist, der wird von der Gaistalalm in 2 Std. zur Rotmoosalm aufsteigen (bequemer Fahrweg mit phantastischer Aussicht zur Hohen Munde und über das Seefelder Plateau!). Wir wandern jedoch entlang der Leutascher Ache zum Ausgangspunkt zurück.

## 64 **Rundwanderung:** Leutasch – Buchener Höhe – Moos

**Ausgangspunkt:** Leutasch
**Parken:** Moos
**Höhenunterschied:** gering
**Wanderzeit:** 2 Std.
**Schwierigkeitsgrad:** leicht!
**Einkehr:** Buchener Höhe

Buchener Höhe
Leutasch/Moos 1170 — Leutasch/Moos 1170
0 Std. 1 2 Std.

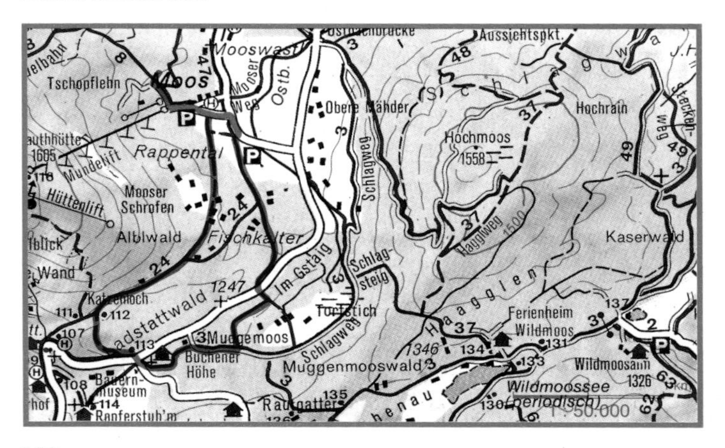

**Tourenverlauf:** Vom Frühjahr bis zum Spätherbst bietet die Landschaft im westlichen Bereich des Seefelder Plateaus erholsame Wanderungen. Vom Ortsteil Moos (Talstation des Mundelifts) führt uns ein herrlicher Wiesenweg südwärts über Muggemoos zur Jausenstation Buchener Höhe und kommen über das Katzenloch und durch den Alblwald zurück nach Moos. Begeistert sind wir vom Anblick der Hohen Munde.

## (65) **Bergtour:** Leutasch – Rauthhütte, 1.605 m – Hohe Munde, 2.592 m

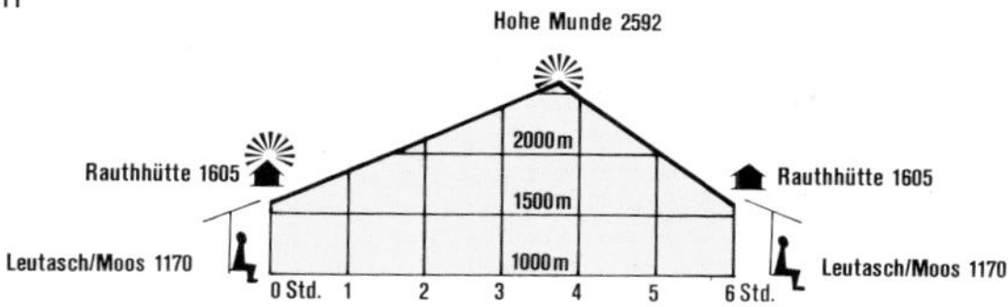


**Ausgangspunkt:** Leutasch
**Parken:** Talstation Mundelift/Moos
**Höhenunterschied:** 990 m

**Wanderzeit:** 6 Std.
**Schwierigkeitsgrad:** mittel!
**Einkehr:** Rauthhütte

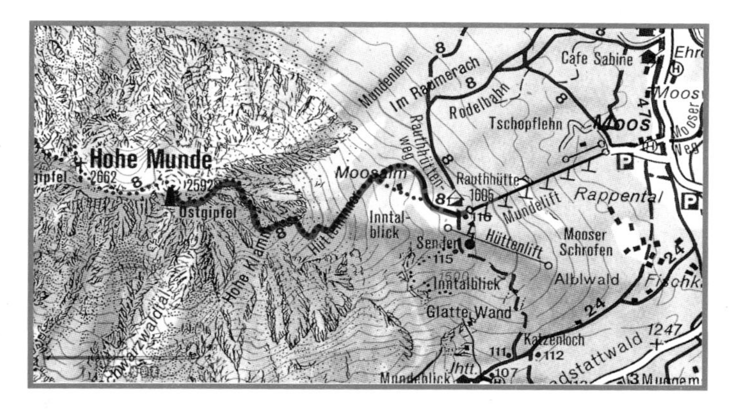


**Tourenverlauf:** Einer der talbeherrschendsten Gipfel am Beginn des Oberinntals ist der kuppenförmige Doppelgipfel der Hohen Munde. Mit der Sesselbahn verkürzen wir den Aufstieg um eine gute Stunde. Von der Rauthhütte folgen wir dem Wegweiser »Hohe Munde ca. 4 Std.« und steigen durch die Grasmulde (schöne Alpenflora) bergwärts. Heiß und stark der Sonne ausgesetzt, geht es durch die Latschengassen hinauf. Trotzdem sollte man die Aussicht auf die Leutasch genießen: Zwischen Arnspitze und Gehrenspitze ist der flache Talboden eingesenkt. Nach einer Stunde haben wir auch die Latschenzone hinter uns gelassen und folgen dem steinigen Pfad über Blockwerk, Schuttreisen und kleinen Graspolstern aufwärts. Nach vierstündiger Wanderung stehen wir am Ostgipfel (Sender), in 2.592 Meter Höhe, gut 2.000 Meter über dem Inntal. Weit reicht der Blick in die Stubaier Alpen, zur Zugspitze und in das Karwendel. Nach der verdienten Gipfelrast, bei der uns hungrige Dohlen umkreisen, steigen wir wieder zur Rauthhütte ab.

Blick auf die Hohe Munde, 2.592 m

## (66) **Rundwanderung:** Telfs – Zimmerbergklamm – Straßberghaus, 1.191 m – St. Veit – Telfs

**Ausgangspunkt:** Telfs
**Parken:** im Ort
**Höhenunterschied:** 560 m
**Wanderzeit:** 3½ Std.
**Schwierigkeitsgrad:** leicht!
**Einkehr:** Straßberghaus

Straßberghaus 1191
St. Veit 861
Zimmerbergklamm
Telfs 634
1000 m
500 m
Telfs 634
0 Std. 1 2 3 Std.

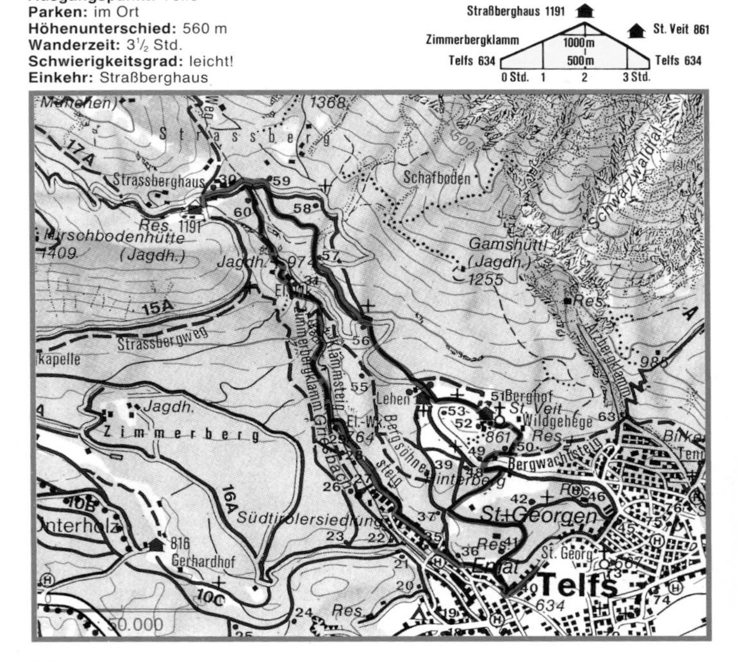

**Tourenverlauf:** Von der Ortsmitte wandern wir durch die Obermarkt-Straße an der Textilfabrik vorbei in den Ortsteil Emat (Wegweiser bei der Kurve beachten). Durch die Südtirolerstraße erreicht man das Elektrizitätswerk am Ausgang der Zimmerbergklamm. Durch die wild zerklüftete Klamm, in die sich der Griesbach eingeschnitten hat, geht es an Wasserfällen und schäumenden Wasserbecken vorbei. Nach eineinhalbstündigem Aufstieg erreichen wir den Fahrweg, der uns nach links zum Straßberghaus führt. Von hier besteht die Möglichkeit, in einer weiteren Stunde zur Neuen Alplhütte aufzusteigen. Wir gehen jedoch auf dem Fahrweg zurück, steigen aber nicht in die Klamm ab, sondern spazieren an der Ostseite, teils den Weg abkürzend, nach Lehen hinunter. Von dort kann man einen kurzen Abstecher zum Kirchlein St. Veit tun (guter Blick auf die nähere Umgebung von Telfs). Von St. Veit oder Lehen führen mehrere Spazierwege nach Telfs hinunter.

## 67 **Rundwanderung:** Wildermieming — Sonnenplateau-Rundwanderweg

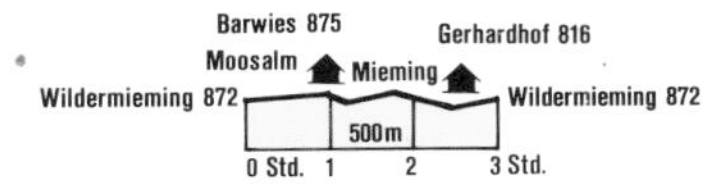


**Ausgangspunkt:** Wildermieming
**Parken:** im Ort
**Höhenunterschied:** gering

**Wanderzeit:** 3 Std.
**Schwierigkeitsgrad:** leicht!
**Einkehr:** in den Orten

Leiblfing mit St. Georg

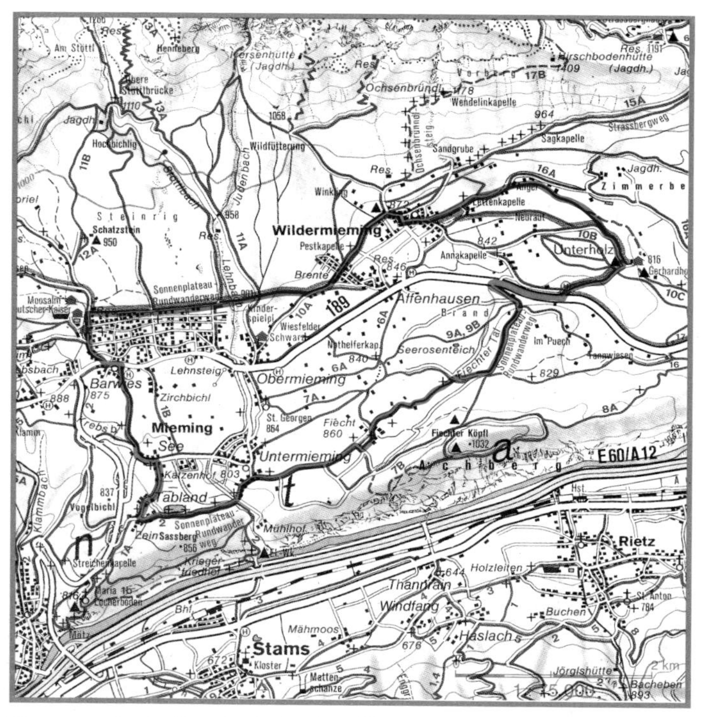


**Tourenverlauf:** Eine typische Familienwanderung wurde durch den prachtvoll angelegten Sonnenplateau-Rundwanderweg am Mieminger Plateau ermöglicht. Von Wildermieming geht es zunächst südwestlich an der Pestkapelle vorbei, bis man am Waldrand entlang den Graben des Lehnbaches quert. An der oberen Häuserzeile spazieren wir in Richtung Moosalm, vor deren Erreichen wir beim Wasserreservoir links abbiegen. An der Kirche von Barwies führt uns der Weiterweg nach See und Tabland, wo wir südlich der Sumpfwiesen wieder auf den Rundwanderweg treffen. An den Kreuzwegstationen entlang passieren wir den Ortsrand von Untermieming. Bei der Abzweigung zum Fiechter Köpfl ziehen wir die Talwanderung vor und spazieren nach Fiecht und durch das seichte Fiechter Tal zu einem Fahrweg, der links in die Hauptstraße einmündet. Auf der anderen Seite folgen wir dem ungeteerten Fahrweg durch den Wald aufwärts und rechts abbiegend zum Gerhardhof. Großteils durch Föhrenwald spazieren wir nach Norden zum Anger. Durch das kleine Tälchen geht es aufwärts an Wiesen und Feldern vorbei, bis wir nach Wildermieming, dem Ausgangspunkt zurückgelangen (die Markierung des Sonnenplateau-Rundwanderweges ist entgegengesetzt zur hier beschriebenen Route!).

## 68 **Bergtour:** Pfaffenhofen – Peter-Anich-Hütte, 1.910 m

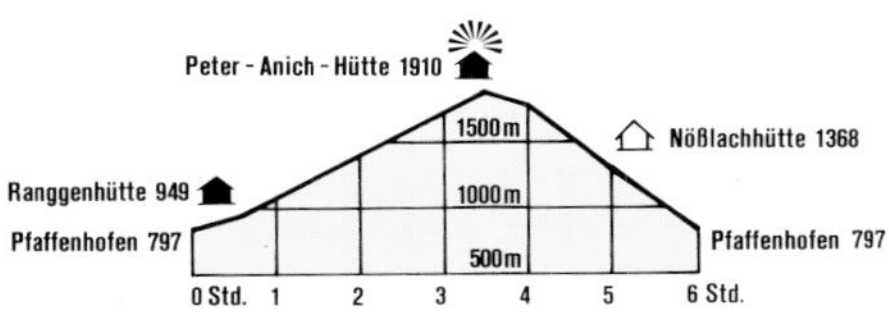


**Ausgangspunkt:** Pfaffenhofen
**Parken:** im Ort
**Höhenunterschied:** 1.260 m

**Wanderzeit:** 6 Std
**Schwierigkeitsgrad:** mittel!
**Einkehr:** Peter-Anich-Hütte

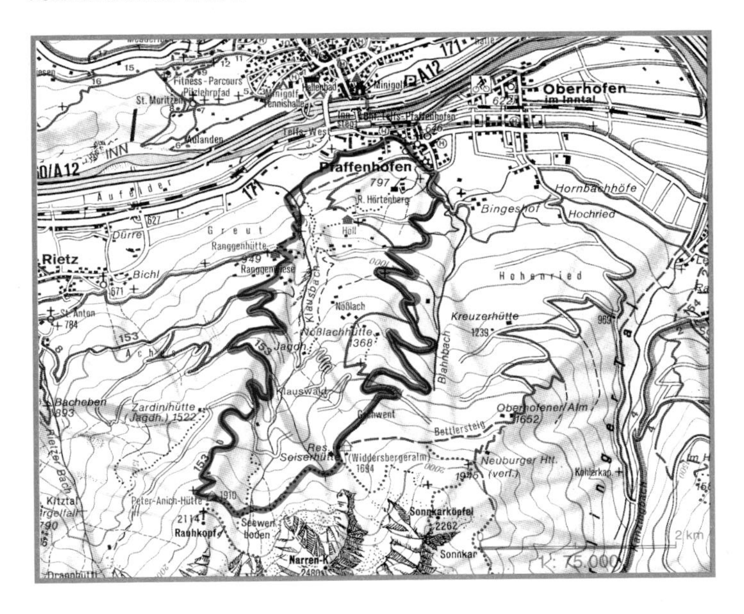


**Tourenverlauf:** Südlich des Ortes beginnt ein Fußweg, der uns am Wasserfall des Klausbaches vorbei in ½ Stunde zur Ranggenhütte hinaufführt. Nach dem Überqueren der Wiese südlich des Gasthofs betreten wir einen Fahrweg, der in mehreren Kehren bergan führt. Bei den Abzweigungen halten wir uns stets rechts, bis der AV-Steig (Markierung 153) von Rietz heraufkommt. Nun bleibt der Forstweg in der Nähe des Rückens, bis bei der Wegverzweigung unser Fußweg geradeaus zum Schutzhaus emporleitet. Nahe der Waldgrenze eröffnet sich uns von der Peter-Anich-Hütte ein weites Panorama auf die Hohe Munde, das Mieminger und Seefelder Plateau sowie auf das Inntal. Ostwärts folgen wir dem Weg zur Widdersbergeralm, wo der weniger begangene Weg über die Nößlachhütte direkt nach Pfaffenhofen hinabführt (Abstieg 2½ bis 3 Std.).

## Almwanderung: Flaurling – Flaurlinger Alm, 1.614 m

**Ausgangspunkt:** Flaurling
**Parken:** Schwaighof
**Höhenunterschied:** 940 m
**Wanderzeit:** 5 Std.
**Schwierigkeitsgrad:** leicht!
**Einkehr:** Flaurlinger Alm, Schwaighof

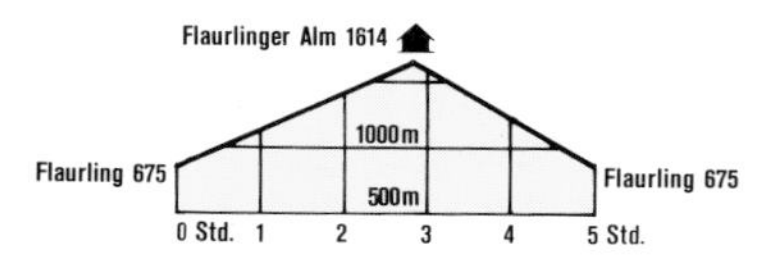


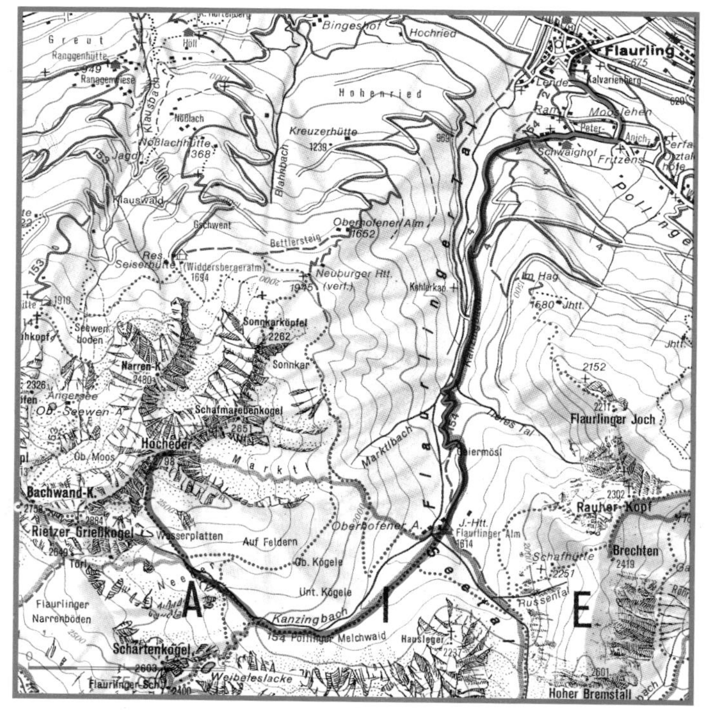


**Tourenverlauf:** Die Gipfelbesteigungen in der Hochedergruppe sind sowohl vom Inntal als auch vom Sellraintal (oft kürzer!) her möglich. Von der Ortsmitte in Flaurling kann man den Anstieg durch die Zufahrt bis zum Schwaighof abkürzen. Vom Gasthof folgen wir dem gemächlich steigenden Fahrweg in das Flaurlinger Tal. Nach der Einmündung des Tiefen Tals wird der Weg steiler und erreicht schließlich, nach dreistündigem Wandern, die Wiesen der Flaurlinger und Oberhofener Alm. Für Geübte ist die Besteigung des Hocheders, 2.798 m, zu empfehlen. Man folgt im Aufstieg der Markierung 154 und somit dem Kanzingbach, schwenkt dann rechts in das Südkar und erklimmt sehr steil den Südwestgrat, der zum höchsten Punkt führt (3 Std.). Im Abstieg ist der Steig über den Rietzer Grießkogel zur Peter-Anich Hütte empfehlenswert.

## 70 **Wanderung:** Inzing – Inzinger Alm, 1.641 m

**Ausgangspunkt:** Inzing
**Parken:** Hof
**Höhenunterschied:** 770 m
**Wanderzeit:** 5½ Std.
**Schwierigkeitsgrad:** leicht!
**Einkehr:** Inzinger Alm

Inzinger Alm 1641
Hof
Tenglhof
1000m
500m
Inzing 616
Inzing 616
0 Std. 1 2 3 4 5 Std.

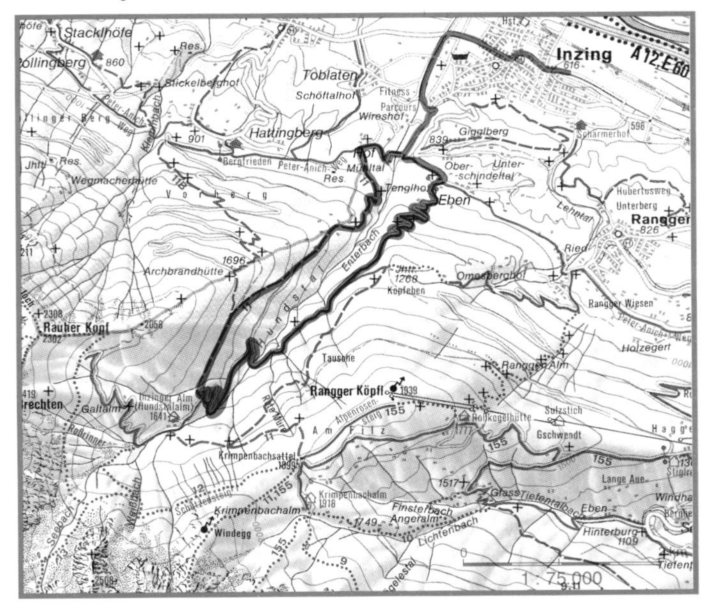


**Tourenverlauf:** Von Inzing erreicht der Wanderer den Weiler Hof, indem er gegenüber vom Gasthof Krone durch den Ort hinauf wandert und vor der Bachverbauung rechts (Fußballplatz) auf einer Fußgängerbrücke den Bach quert. Entlang der Straße geht es hinauf nach Hof. Der Autofahrer biegt westlich von Inzing nach dem Enterbach (Ortsende) auf das asphaltierte Zufahrtssträßchen zum Weiler Hof ab. Von Hof geht es an Obstbäumen und unter der Stromleitung hindurch dem Waldrand zu, durch den wir auf einem steilen Hohlweg ansteigen. Nach einer knappen halben Stunde treten wir auf die Wiesen heraus. An mehreren Heustadeln vorbei geht es höher, bis wir einen guten Fußweg (teils von Kühen ausgetreten) erreichen, der links durch die steile Hochwaldflanke des Hundstals berganzieht. Während der letzten halben Stunde marschieren wir fast eben dahin, bis wir die Wiesen der Inzinger Alm und die Alm selbst erreichen. Beim Abstieg folgen wir ein kurzes Stück dem Anstieg, biegen jedoch beim Wegweiser rechts ab und benutzen die andere Talseite für den Abstieg. Vom Tenglhof stellt ein Karrenweg die Verbindung über den Hundstalbach nach Hof her.

## Alpengasthöfe und Unterkunftshütten

Alle Angaben ohne Gewähr! Bitte erfragen Sie vor Beginn der Wanderung im Talort die Bewirtschaftungszeit und erkundigen Sie sich, ob eine Übernachtungsmöglichkeit besteht!

### Karwendelgebirge

**Alpensöhnehütte,** 1.345 m, privat, Post 6060 Hall in Tirol, im Sommer an Sonn- und Feiertagen bewirtschaftet. Zugang: von Hall, 2½ Std. Übergang: zur Bettelwurfhütte, 3 Std.

**Arzler Alm,** 1.067 m, privat, Post 6020 Innsbruck. Zugang: von der Hungerburgbahn-Bergstation, ½ Std. Übergänge: zur Rumer Alm, 1 Std.; zur Seegrube, 3 Std.

**Bettelwurfhütte,** 2.077 m, Alpenverein, Post 6060 Hall in Tirol, Tel. 05223/3353 und 05352/32855, im Sommer bewirtschaftet. Zugang: vom Bettelwurfbründl an der Salzbergstraße, 3 Std. Übergang: zur Alpensöhnehütte, 2 Std. Gipfel: Großer Bettelwurf, 2.725 m, 2 Std. (nur für Geübte).

**Bodensteinhütte,** 1.661 m, privat, im Sommer bewirtschaftet, Post 6020 Innsbruck. Zugang: von der Hungerburgbahn-Bergstation, 2½ Std. Übergang: zur Seegrube, 1 Std. Gipfel: Hafelekarspitze, 2.334 m, 2 Std.

**Enzianhütte,** 1.041 m, privat, Post 6020 Innsbruck, im Sommer bewirtschaftet. Zugänge: von der Hungerburg, ¾ Std.; von Mühlau, 1½ Std. Übergang: zur Rumer Alm, ½ Std.

**Gschwandtkopfhütte,** 1.500 m, privat, Post 6103 Reith b. Seefeld, ganzjährig bewirtschaftet. Zugang: von Seefeld, 1½ Std. (Sessellift). Skigebiet.

**Hafelekarhaus,** 2.269 m, privat, Post 6020 Innsbruck, bewirtschaftet während der Betriebszeit der Seilbahn. Zugang: Bergstation der Hafelekarbahn. Übergang: zur Pfeishütte, 2 Std. (teilweise seilversichert). Gipfel: Hafelekarspitze, 2.334 m, ¼ Std.

**Halleranger Alm,** 1.770 m, privat, Post 6060 Absam, im Sommer bewirtschaftet; weitere Angaben siehe Hallerangerhaus.

**Hallerangerhaus,** 1.768 m, Alpenverein, Post 6060 Absam, Tel. 05264/5492, im Sommer bewirtschaftet. Zugänge: von Scharnitz, 5 Std.; vom Halltal, 2½ Std. Übergang: durchs Vomperloch nach Schwaz, ca. 6½–7 Std. (mittel). Gipfel: Klettergebiet.

**Hinterhornalm,** 1.524 m, privat, Post 6060 Hall in Tirol, im Sommer bewirtschaftet. Zugang: von Gnadenwald, 2 Std. oder Mautstraße.

**Höttinger Alm,** 1.487 m, privat, Post 6020 Innsbruck, im Sommer bewirtschaftet. Zugang: von der Hungerburg, 2 Std. Gipfel: Vorderes Brandjoch, 2.559 m, 3 Std.

**Möslalm,** 1.252 m, privat, Post 6108 Scharnitz, im Sommer bewirtschaftet. Zugang: von Scharnitz, 2¾ Std. Übergang: zur Pfeishütte, 2 Std.

**Neue Magdeburger Hütte,** 1.637 m, Alpenverein, Post 6170 Zirl, Tel. 05238/88790 und 27762, im Sommer bewirtschaftet. Zugänge: von Hochzirl, 2½ Std.; von Kranebitten, 3½ Std. Übergang: zum Solsteinhaus über den Zirler Schützensteig, 2½ Std. (drahtseilversichert). Gipfel: Großer Solstein, 2.541 m, über den Höttinger Schützensteig, 3 Std. (nur für Geübte).

**Nördlinger Hütte,** 2.239 m, Alpenverein, Post 6103 Reith b. Seefeld, Tel. 0663/57517, im Sommer bewirtschaftet. Zugänge: von Reith, 3½ Std.; von Seefeld, 3½ Std. Übergang: zur Härmelekopf-Bergstation, 1 Std. (mittel). Gipfel: Reither Spitze, 2.373 m, ½ Std. (mittel).

**Pfeishütte,** 1.922 m, Alpenverein, Post 6108 Scharnitz, Tel. 0512/892333, im Sommer bewirtschaftet. Zugänge: von Scharnitz, 4½–5 Std.; vom Hafelekar (Bergstation), 1½ Std. Übergänge: zum Hallerangerhaus, 2½ Std.; zur Thaurer Alm, 2 Std.; zum Hafelekarhaus, 2½ Std. Gipfel: Rumer Spitze, 2.454 m, 1¾ Std. (nur für Geübte); Stempeljochspitze, 2.543 m, 2 Std. (nur für Geübte).

**Planötzenhof** (Ausflugsgasthaus), 784 m, privat, Post 6020 Innsbruck, ganzjährig bewirtschaftet. Zugang: von Innsbruck-Hötting, ½ Std.

**Rauschbrunnen** (Gasthaus), 1.088 m, privat, Post 6020 Innsbruck, im Sommer bewirtschaftet. Zugänge: von den Haltestellen Kranebitten und Allerheiligenhöfe, je 1¼ Std. Übergang: zur Neuen Magdeburger Hütte, 3½ Std. (mittel).

**Rechenhof** (Ausflugsgasthaus), 869 m, privat, Post 6020 Innsbruck, ganzjährig bewirtschaftet. Zugänge: mit dem Auto erreichbar (Fahrverbot an Sonn- und Feiertagen); von der Hungerburg, 1 Std.; von Mühlau, ¾ Std.; von Rum, ¾ Std.

**Reitherjochalm,** 1.505 m, privat, Post 6100 Seefeld, im Sommer bewirtschaftet. Zugang: von Seefeld, 1¼ bzw. 2 Std.; von Reith, 2 Std.; von Auland, 1 Std. Übergänge: zur Roßhütte, 1 Std.; zur Nördlinger Hütte, 2 Std.

**Roßhütte,** 1.751 m, privat, Post 6100 Seefeld, ganzjährig bewirtschaftet. Zugang: von Seefeld, 1½ Std. oder mit der Standseilbahn. Übergang: zur Härmelekopf-Bergstation, 1 Std. oder mit der Kabinenseilbahn. Skigebiet.

**Rumer Alm,** 1.243 m, privat, Post 6020 Innsbruck, im Sommer und Winter bewirtschaftet. Zugänge: von der Hungerburg, 1½ Std.; von Mühlau, 2 Std. Übergänge: über die Arzler Scharte zur Pfeishütte, 3½ Std.; zur Thaurer Alm, 2 Std. Gipfel: Rumer Spitze, 2.454 m, 4 Std. (nur für Geübte).

**St. Magdalena,** 1.287 m, privat, Post 6060 Hall in Tirol, ganzjährig bewirtschaftet. Zugänge: mit dem Auto erreichbar (Mautstraße!) oder von Hall, 2½ Std. Übergänge: zur Pfeishütte, 3½ Std.; zur Alpensöhnehütte, 1¼ Std. Gipfel: Hochmahdkopf, 1.732 m, 1½ Std.

**Seegrube** (Hotel), 1.905 m, privat, Post 6020 Innsbruck, ganzjährig bewirtschaftet. Zugänge: von Innsbruck, 4—4½ Std. oder mit der Seilbahn. Übergänge: zum Hafelekarhaus, 1¼ Std.; zur Bodensteinhütte, ½ Std. Gipfel: Hafelekarspitze, 2.334 m, 1½ Std.

**Solsteinhaus,** 1.806 m, Alpenverein, Post 6170 Zirl, Tel. 05232/2973 und 05234/32461, im Sommer bewirtschaftet. Zugänge: von Hochzirl, 3 Std.; von Scharnitz, 4½ Std. Übergänge: zur Neuen Magdeburger Hütte, 1½ Std.; zur Nördlinger Hütte, 4½ Std. (mittel). Gipfel: Großer Solstein, 2.541 m, 2½ Std. (leicht); Erlspitze, 2.405 m, 2 Std.

**Thaurer Alm,** 1.461 m, privat, Post 6065 Thaur, im Sommer bewirtschaftet. Zugang: von Thaur, 3 Std. Übergänge: zur Pfeishütte, 2½ Std.; zur Rumer Alm, 1¼ Std. Gipfel: Rumer Spitze, 2.454 m, 3 Std. (nur für Geübte); Haller Zunterkopf, 1.965 m, 2 Std.

**Vintlalm,** 1.567 m, privat, Post 6020 Innsbruck, im Sommer bewirtschaftet. Zugänge: von der Hungerburg, 2 Std.; von Rum, 2 Std.; Übergang: zur Thaurer Alm, 1 Std.

## Mieminger Kette

**Straßberghaus,** 1.191 m, privat, Post 6414 Wildermieming, ganzjährig bewirtschaftet. Zugang: von Telfs, 2 Std. Übergang: zur Neuen Alplhütte, 1 Std. Gipfel: Hohe Munde, Ostgipfel, 2.592 m, 4 Std. (teilweise versicherter Steig, nur für Geübte).

**Rauthhütte,** 1.605 m, privat, Post 6105 Leutasch, ganzjährig bewirtschaftet. Zugang: von Oberleutasch, 2 Std. oder mit dem Sessellift. Gipfel: Hohe Munde, Ostgipfel, 2.592 m, 4 Std. (nur für Geübte).

## Seefelder Hochfläche

**Kreithhütte,** 1.369 m, privat, Post 6105 Leutasch, ganzjährig bewirtschaftet. Zugang: von Unterweidach (Leutasch), ½ Std. oder mit dem Sessellift.

**Wildmoosalm,** 1.326 m, privat, Post 6100 Seefeld in Tirol, ganzjährig bewirtschaftet. Zugänge: von Seefeld, ½ Std.; von Oberleutasch, 1 Std. Übergang: nach Mösern, 1 Std.

## Stubaier Alpen und Südwestliches Mittelgebirge

**Adelshof,** 1.315 m, privat, Post 6094 Axams, ganzjährig bewirtschaftet. Zugänge: mit dem Auto erreichbar; von Axams, 1¼ Std. Übergänge: zur Axamer Lizum, ¾ Std.; zur Götzner Alm, 1 Std.

**Adolf-Pichler-Hütte,** 1.977 m, Alpenklub Innsbruck, Post 6094 Axams, Tel. 05238/3194, im Sommer bewirtschaftet, im Winter nur bei Anmeldung von Gruppen. Zugang: von Kematen, 4 Std.; von Grinzens, 3 Std.; mit Kfz bis Kemater Alm, von dort ¾ Std. Standseilbahn oder Sessellift auf den Hoadl, von dort Höhenweg, 1 Std. Übergänge: zur Starkenburger Hütte, 2 Std.; zur Potsdamer Hütte, 3½ Std.; zur Franz-Senn-Hütte, 6½ Std. Gipfel: sämtliche Gipfel der Kalkkögel (nur für Geübte). Skigebiet.

**Axamer Lizum,** 1.570 m, mehrere Privatgasthäuser und Hotels, Post 6094 Axams, ganzjährig bewirtschaftet. Zugang: mit dem Auto erreichbar. Übergang: zur Birgitzköpflhütte, 1¼ Std. Gipfel: Hoadl, 2.340 m, 2½ Std. oder mit Lift.

**Bergheim Fotsch,** 1.464 m, privat, Alpengasthof im Fotschertal, Post 6181 Sellrain, ganzjährig bewirtschaftet. Zugang: von Sellrain, 2 Std.; mit Kfz erreichbar. Skigebiet.

**Birgitzköpflhütte,** 2.035 m, Naturfreunde, Post 6091 Götzens, Tel. 05234/8100 und 0512/212594, im Sommer und Winter bewirtschaftet. Zugang: von der Axamer Lizum, 1¼ Std. oder mit Lift. Übergänge: zur Götzner Alm, 1 Std.; zur Mutterer Alm, ¾ Std. Gipfel: Nockspitze, 2.403 m, 1¼ Std.

**Blaserhütte,** 2.180 m, privat, Post 6150 Steinach, im Sommer bewirtschaftet. Zugänge: von Trins, 3 Std.; von Maria Waldrast, 2 Std.

**Eichhof** (Ausflugsgasthaus), 841 m, privat, Post 6162 Mutters, ganzjährig bewirtschaftet. Zugänge: mit dem Auto erreichbar; von Natters, ½ Std.

**Flaurlinger Alm,** 1.614 m, privat, Post 6403 Flaurling, im Sommer bewirtschaftet. Zugang: von Flaurling, 3 Std. Übergang: zur Peter-Anich-Hütte, 3 Std. Gipfel: Hocheder, 2.798 m, 3½ Std. (nur für Geübte).

**Gleinser Hof,** 1.412 m, privat, Post 6141 Schönberg, ganzjährig bewirtschaftet. Zugang: von Schönberg, 1 Std.

**Götzner Alm,** 1.542 m, privat, Post 6091 Götzens, im Sommer bewirtschaftet. Zugang: von Götzens, 2 Std. Übergänge: zur Birgitzköpflhütte, 1½ Std.; zur Mutterer Alm, ½ Std.

**Haggen** (Alpengasthof), 1.650 m, privat, Post 6182 Gries i. Sellrain, Tel. 05236/213, ganzjährig bewirtschaftet. Zugang: mit Kfz erreichbar. Übergänge: zur Flaurlinger Alm, 4 Std.; zur Pforzheimer Hütte, 3 Std. Gipfel: Rietzer Grießkogel, 2.884 m, 4 Std. (nur für Geübte).

**Hoadl** (Jausenstation), 2.340 m, privat, Post 6094 Axams, bewirtschaftet während der Betriebszeit des Liftes. Zugang: von der Axamer Lizum, 2½ Std. oder mit dem Lift.

**Inzinger Alm,** 1.641 m, privat, Post 6401 Inzing, im Sommer bewirtschaftet. Zugang: von Inzing, 3 Std. Übergang: zur Roßkogelhütte, 1¼ Std. Gipfel: Rangger Köpfl, 1.939 m, ¾ Std. (leicht); Rauher Kopf, 2.308 m, 1¾ Std. (mittel); Roßkogel, 2.646 m, 3 Std. (mittel).

**Kemater Alm,** 1.673 m, privat, im Senderstal, Post 6094 Axams, ganzjährig bewirtschaftet. Zugang: von Grinzens, 2 Std. Übergang: zur Adolf-Pichler-Hütte, ¾ Std. Rodelbahn.

**Lüsens,** 1.634 m, privat, Post 6182 Gries, Tel. 05236/215, im Sommer und Winter bewirtschaftet. Zugang: mit Kfz erreichbar. Übergang: zum Westfalenhaus, 2½ Std. Gipfel: Lüsener Fernerkogel, 3.298 m, 5 Std. (nur für Geübte).

**Maria-Waldrast** (Alpengasthof), 1.638 m, privat, Post 6143 Matrei, Tel. 05273/6219, ganzjährig bewirtschaftet. Zugänge: von Matrei, 2 Std. oder mit dem Auto (Maut); von Fulpmes, 2½ Std. Gipfel: Serles, 2.717 m, 3 Std. (mittel); Blaser, 2.241 m, 2 Std. (leicht).

**Mutterer Alm,** 1.608 m, privat, Post 6162 Mutters, ganzjährig bewirtschaftet. Zugang: von Mutters, 2½ Std. oder mit dem Lift. Übergänge: zur Raitiser Alm, ½ Std.; zur Birgitzköpflhütte, 1¼ Std.; zur Götzner Alm, ½ Std. Gipfel: Nockspitze, 2.403 m, 2½–3 Std.

**Natterer See** (Ausflugsgasthaus), 826 m, privat, Post 6162 Mutters, ganzjährig bewirtschaftet. Zugänge: mit dem Auto erreichbar; von Natters, ¾ Std.

**Nockhof,** 1.264 m, privat, Post 6162 Mutters, ganzjährig bewirtschaftet. Zugang: von Mutters, 1¼ Std. oder mit dem Lift. Übergang: zur Mutterer Alm, 1¼ Std.

**Peter-Anich-Hütte,** 1.910 m, Alpenverein, Post 6421 Rietz, Tel. 05262/33213, im Sommer bewirtschaftet. Zugang: von Rietz, 3½ Std.; oder mit Kfz bis 1 Std. unter die Hütte. Übergang: zur Flaurlinger Alm, 3 Std. Gipfel: Rietzer Grießkogel, 2.884 m, 3½ Std. (nur für Geübte); von dort Übergang zum Hocheder, 2.798 m, ¾ Std. (nur für Geübte).

**Pforzheimer Hütte,** (A.-Witzenmann-Haus), 2.308 m, Alpenverein, Post 6182 Gries i. Sellrain, Tel. 05236/276 und 303, im Sommer und Winter bewirtschaftet. Zugang: von St. Sigmund, 2½ Std. Übergänge: zur Gubener Hütte, 2½ Std.; nach Praxmar, 2½–3 Std. Gipfel: Lampsenspitze, 2.876 m, 2 Std. (mittel).

**Potsdamer Hütte,** 2.009 m, Alpenverein, Post 6181 Sellrain, Tel. 05262/31594, im Sommer und Winter bewirtschaftet. Zugänge: von Sellrain, 3½ Std.; Kfz bis Bergheim Fotsch, 2 Std.; von Axams und Grinzens, 4 Std. Übergänge: zur Adolf-Pichler-Hütte, 3½ Std.; zur Oberisshütte, 5½ Std.; zur Franz-Senn-Hütte, 4 Std.; nach Lüsens, 4½ Std.; nach Praxmar, 5 Std. Gipfel: Widdersberg, 1 Std. (leicht).

**Praxmar** (Gasthof), 1.689 m, privat, Post 6182 Gries, im Sommer und Winter bewirtschaftet. Zugang: mit Kfz erreichbar. Übergang: zur Pforzheimer Hütte, 3½ Std. Gipfel: Zischgelesspitze, 3.004 m, 3 Std. (mittel); Lampsenspitze, 2.876 m, 3½ Std. (mittel).

**Raitiser Alm,** 1.553 m, privat, Post 6162 Mutters, ganzjährig bewirtschaftet. Zugänge: von den Haltestellen Raitis und Kreith der Stubaitalbahn, je 2 Std. Übergänge: zur Mutterer Alm, ¾ Std.; zum Scheipenhof, ¾ Std. Gipfel: Spitzmandl, 2.206 m, 2 Std.; Nockspitze, 2.403 m, 2½ Std. (mittel).

**Roßkogelhütte,** 1.777 m, privat, Post 6170 Leiblfing, im Sommer und Winter bewirtschaftet. Zugänge: von Oberperfuss, 3 Std. oder mit dem Sessellift bis Stiglreith, von dort 1¼ Std.; von Ranggen, 2½–3 Std. Übergänge: zur Inzinger Alm, 1 Std.; zur Flaurlinger Alm über den Schützensteig, 5 Std. Gipfel: Rangger Köpfl, 1.939 m, ½ Std. (leicht), Roßkogel, 2.646 m, 2½ Std. (mittel).

**Scheipenhof** 1.139 m, privat, Post 6162 Mutters, ganzjährig bewirtschaftet. Zugang: von Mutters, 1 Std. Übergänge: zur Raitiser Alm, 1¼ Std.; zum Nockhof, 1 Std.

**Stockerhof,** 1.156 m, privat, Post 6162 Mutters, ganzjährig bewirtschaftet. Zugang: von der Haltestelle Kreith der Stubaitalbahn, $\frac{1}{2}$ Std.

**Westfalenhaus,** 2.273 m, Alpenverein, Post 6182 Gries, Tel. 05252/6947, im Sommer und Winter bewirtschaftet. Zugang: von Lüsens, 2$\frac{1}{2}$ Std. Übergänge: zur Amberger Hütte (über Längentaler Joch), 5$\frac{1}{2}$ Std.; zur Winnebachseehütte (über Winnebachjoch), 4 Std.; zur Pforzheimer Hütte (über Zischgenscharte), 3$\frac{1}{2}$ Std. Gipfel: Winnebacher Weißkogel, 3.182 m (über Winnebachjoch), 3 Std. (mittel); Schöntalspitze, 3.002 m (über Zischgenscharte), 3 Std. (nur für Geübte).

**Wildeben,** Jausenstation, 1.781 m, privat, Post 6166 Fulpmes, im Sommer bewirtschaftet. Zugang: von Kampl-Stubaital, 2$\frac{1}{2}$ Std. Übergang: nach Maria Waldrast über Serlesjöchl, 3$\frac{1}{2}$ Std. Gipfel: Serles, 2.717 m, 3 Std. (mittel).

## Tuxer Voralpen und Südöstliches Mittelgebirge

**Aldranser Alm,** 1.511 m, privat, Post 6073 Sistrans, im Sommer bewirtschaftet. Zugang: von Sistrans, 2 Std. Übergänge: zur Rinner Alm, 20 Min.; zur Sistranser Alm, $\frac{1}{2}$ Std.

**Boscheben,** 2.035 m, privat, Post 6080 Igls, im Sommer und Winter bewirtschaftet. Zugang: von der Bergstation der Patscherkofelbahn, $\frac{3}{4}$ Std. Übergänge: zum Meißner Haus, $\frac{1}{2}$ Std.; zur Glungezerhütte, 2$\frac{1}{2}$ Std.; zur Tulfeinalm am Zirbenweg, 2 Std. Gipfel: Patscherkofel, 2.246 m, $\frac{3}{4}$ Std.; Glungezer, 2.677 m, 2$\frac{1}{4}$ Std.

**Glungezerhütte,** 2.600 m, Alpenverein, Post 6060 Hall in Tirol, Tel. 05223/2221 und 8743, im Sommer und Winter bewirtschaftet. Zugänge: von der Bergstation der Patscherkofelbahn, 2$\frac{1}{2}$ Std.; von Tulfes, 5 Std. (ab Tulfeinalm, 1$\frac{1}{2}$—2 Std.) Übergänge: zum Meißner Haus, 1$\frac{1}{2}$ Std. Gipfel: Glungezer, 2.677 m, $\frac{1}{4}$ Std.

**Grünwalder Hof** (Ausflugsgasthof), 1.014 m, privat, Post 6082 Patsch, ganzjährig bewirtschaftet. Zugänge: mit dem Auto erreichbar; von Patsch, $\frac{1}{4}$ Std.

**Haneburger** (Gasthaus), 1.351 m, privat, im Wattental, Post 6112 Wattens, ganzjährig bewirtschaftet. Zugang: von Wattens, 2$\frac{1}{2}$ Std.; von der Bushaltestelle Säge, 1 Std.; mit Kfz erreichbar.

**Heiligwasser** (Gasthaus), 1.234 m, privat, Post 6080 Igls, ganzjährig bewirtschaftet. Zugang: von Igls, 1 Std. Übergänge: zur Igler Alm, $\frac{3}{4}$ Std.; zur Patscher Alm, 1$\frac{1}{4}$ Std.

**Hohe-Mahd-Alm,** 1.907 m, privat, Post 6080 Igls, im Sommer bewirtschaftet. Zugang: von der Bergstation der Patscherkofelbahn, $\frac{1}{4}$ Std. Übergänge: zum Patscherkofelhaus, $\frac{1}{2}$ Std.; zur Patscher Alm, $\frac{1}{2}$ Std. Gipfel: Patscherkofel, 2.246 m, 1 Std.

**Lizumer Hütte,** 2.019 m, Alpenverein, Post 6112 Wattens, Tel. 05224/52111 und 05234/32665, im Sommer und Winter bewirtschaftet. Zugänge: von Wattens, 5 Std.; von Walchen, 2 Std. Übergänge: nach Navis über Klammjoch, 3 Std.; in das Tuxer Tal über Junsjoch, 4 Std.; in das Tuxer Tal über Torjoch, 4 Std.Gipfel: Lizumer Reckner, 2.886 m, 3 Std. (II!); Mölser Sonnenspitze, 2.427 m, 2 Std.; Geier, 2.857 m, 2$\frac{1}{2}$ Std.; Kalkwand, 2.826 m, 2$\frac{1}{2}$ Std. (II!); Torwand, 2.771 m, 2 Std. und andere.

**Meißner Haus,** 1.707 m, Alpenverein, Post 6082 Patsch, Tel. 06663/54016, im Sommer und Winter bewirtschaftet. Zugänge: von Mühltal, 2 Std.; von der Bergstation der Patscherkofelbahn, 1$\frac{1}{4}$ Std. Übergänge: zur Glungezerhütte, 2$\frac{1}{2}$—3 Std.; zum Patscherkofelhaus, 1$\frac{1}{2}$ Std. Gipfel: Glungezer, 2.677 m, 3 Std.; Patscherkofel, 2.246 m, 1$\frac{3}{4}$ Std.

**Naturfreundehütte**, 1.376 m, Naturfreunde, Post 6111 Volders, Tel. 0512/33740, im Sommer bewirtschaftet. Zugänge: mit dem Auto erreichbar; von Volders, 3 Std. Übergang: zur Glungezerhütte, 4 Std. Gipfel: Glungezer, 2.677 m, 4$\frac{1}{4}$ Std.

**Patscher Alm,** 1.694 m, privat, Post 6080 Igls, im Sommer bewirtschaftet. Zugänge: von Igls, 2$\frac{1}{2}$ Std.; von Patsch, 2 Std. Übergänge: zum Patscherkofelhaus, 1 Std.; zur Hohen-Mahd-Alm $\frac{3}{4}$ Std. Gipfel: Patscherkofel, 2.246 m, 1$\frac{3}{4}$ Std.

**Patscherkofelhaus,** 1.964 m, Alpenverein, Post 6080 Igls, Tel. 0512/77196, im Sommer und Winter bewirtschaftet. Zugänge: von Igls, 3 Std.; von Patsch, 3 Std. oder mit der Seilbahn. Übergänge: zur Glungezerhütte, 3 Std.; zum Meißner Haus, 1$\frac{1}{4}$ Std. Gipfel: Patscherkofel, 2.246 m, 1 Std.

**Patscherkofel-Berghotel,** 1.961 m, privat, Post 6080 Igls, im Sommer und Winter bewirtschaftet. Zugänge, Übergänge und Gipfel siehe Patscherkofelhaus.

**Patscherkofel-Gipfelhütte,** 2.246 m, privat, Post 6080 Igls, im Sommer und Winter bewirtschaftet. Zugang: von der Bergstation der Patscherkofelbahn 1 Std. oder mit Lift.

**Rinner Alm,** 1.394 m, privat, Post 6074 Rinn, im Sommer bewirtschaftet. Zugang: von Rinn, 1½ Std. Übergang: zur Aldranser Alm, ¾ Std.

**Sistranser Alm,** 1.608 m, Post 6073 Sistrans, im Sommer und Winter bewirtschaftet. Zugang: von Sistrans, 2 Std. Übergänge: zum Patscherkofelhaus, 1¼ Std.; zur Aldranser Alm, ½ Std. Gipfel: Patscherkofel, 2.246 m, 2 Std.

**Tulfer Hütte,** 1.337 m (H 2), privat, Post 6060 Tulfes, im Sommer und Winter bewirtschaftet. Zugang: von Tulfes, 1½ Std. Übergang: zur Glungezerhütte, 4 Std. Gipfel: Glungezer, 2.677 m, 4¼ Std.

**Tulfeinalm,** 2.035 m, privat, Post 6060 Telfs, im Sommer und Winter bewirtschaftet. Zugang: von Tulfes, 3½ Std. oder mit dem Sessellift. Übergang: zur Glungezerhütte, 2½ Std. Gipfel: Glungezer, 2.677 m, 2¾ Std. (leicht).

**Volderwildbad** (Gasthaus), 1.104 m, privat, Post 6111 Volders, ganzjährig bewirtschaftet. Zugänge: mit dem Auto erreichbar; von Volders, 2 Std. Übergänge: zur Tulfer Hütte, 1 Std.; zur Naturfreundehütte, 1 Std.

**Windegg** (Ausflugsgasthaus), 1.216 m, privat, Post 6060 Tulfes, ganzjährig bewirtschaftet. Zugänge: mit dem Auto erreichbar; von Tulfes, ¾ Std.

## Wettersteingebirge

**Arnspitzhütte,** 1.955 m, Alpenverein, Post 6108 Scharnitz, offene Unterstandshütte. Zugänge: von Mittenwald, 4 Std. (mittel); von Scharnitz, 3 Std. (leicht). Gipfel: Große Arnspitze, 2.196 m, 1 Std. (nur für Geübte).

**Gaistalalm,** 1.366 m, privat, Post 6105 Leutasch, im Sommer bewirtschaftet. Zugang: von Oberleutasch, 1½ Std. Übergänge: zur Rotmoosalm, 2 Std.; zur Tillfußalm, ¼ Std.

**Hämmermoosalm,** 1.417 m, privat, Post 6105 Leutasch, ganzjährig bewirtschaftet. Zugang: von Oberleutasch, 1¼ Std., Kfz zum Haus. Übergang: zur Wettersteinhütte, 2 Std. Gipfel: Schönegg, 1.624 m, 1¼ Std. (leicht).

**Meilerhütte,** 2.372 m, Alpenverein, Post D-8100 Garmisch-Partenkirchen, Tel. 08821/2161, im Sommer bewirtschaftet. Zugänge: von Garmisch-Partenkirchen über Schachen, 6 Std. (Schwindelfreiheit erforderlich im oberen Anstieg); von Unterleutasch durch das Bergltal, 4 bis 4½ Std. (mittel); von Unterleutasch über den Söllerpaß, 5 Std. (nur für Geübte). Gipfel: Partenkirchner Dreitorspitze, 2.605 m, Hermann-von-Barth-Weg, 1½ Std. (nur für Geübte), gute Steiganlage. Sonst nur Kletterpartien für Alpinisten.

**Franz-Fischer-Hütte** (Oberreintalhütte), 1.532 m, Alpenverein, Post D-8100 Garmisch-Partenkirchen, Selbstversorgerhütte, im Sommer Getränke erhältlich. Zugang: von Garmisch-Partenkirchen, 4 Std., Klettergebiet.

**Wangalm,** 1.753 m, privat, Post 6105 Leutasch, im Sommer bewirtschaftet. Zugang: von Oberleutasch (Klamm) 2 Std. Übergang: zur Hämmermoosalm, 2 Std. Gipfel: Gehrenspitze, 2.367 m, 3 Std. (leicht).

**Wettersteinhütte,** 1.717 m, privat, Post 6105 Leutasch, im Sommer bewirtschaftet. Zugang: von Oberleutasch (Klamm), 2 Std. Übergang: zur Hämmermoosalm, 2 Std. Gipfel: Gehrenspitze, 2.367 m, 3 Std. (leicht).

**Edelweiß – Leontopodium alpinum**

Familie: Korbblütler
Größe: 5–15 cm
Standort: Felsspalten und Felsschutt
Blütezeit: Juli–August
Bes. Merkmal: fünf- bis sechsblütige Köpfchen

**Schwarze Nieswurz Christrose Helleborus niger**

Familie: Hahnenfußgewächse
Größe: bis 30 cm
Standort: in lichten Bergwäldern auf Kalk
Blütezeit: Februar–April
Bes. Merkmale: wintergrün, Bestand gefährdet

**Fieberklee – Menyanthes trifoliata**

Familie: Menyantacaee
Größe: 10–30 cm
Standort: Verlandungszone stehender Gewässer, Tümpel, Moore
Blütezeit: Mai–Juni
Bes. Merkmale: fünf bewimperte, zurückgerollte Kronblattzipfel

## Orte · Hütten · Berge

# Das große KOMPASS-Wanderkartenprogramm Alpen 1:50.000

**Eine farbige Schnittübersicht der KOMPASS-Wanderkarten erhalten Sie kostenlos bei Ihrem Buchhändler oder beim Verlag.**

● = Titel mit Kurzführer
□ = Titel mit Radwanderwegen
○ = Titel mit Langlaufloipen
△ = Titel mit alpinen Skirouten
* = Titel in Vorbereitung
Sondermaßstäbe siehe Titelverzeichnis

| | |
|---|---|
| K 1a | Bodensee – West ● □ |
| K 1b | Bodensee – Ost ● □ |
| K 1c | Bodensee, Gesamtgebiet 1:75.000 ● □ |
| K 2 | Bregenzer Wald – Westallgäu ● □ △ |
| K 02 | Oberstaufen 1:25.000 ● □ ○ |
| K 3 | Allgäuer Alpen – Kl. Walsertal ● □ △ |
| K 03 | Oberstdorf – Kleinwalsertal 1:30.000 ● □ ○ △ |
| K 4 | Füssen – Außerfern ● □ |
| K 5 | Wettersteingebirge ● □ |
| K 05 | Oberammergau und Ammertal 1:35.000 ● □ |
| K 6 | Walchensee – Wallgau – Krün ● □ |
| K 7 | Murnau – Kochel – Staffelsee ● □ |
| K 8 | Tegernsee – Schliersee ● □ |
| K 08 | Tegernseer Tal 1:30.000 ● □ |
| K 008 | Bayrischzell – Schliersee 1:35.000 ● □ ○ |
| K 9 | Kaisergebirge ● □ |
| K 09 | Kufstein – Kaisergebirge 1:30.000 ● □ ○ |
| K 009 | Oberaudorf 1:30.000 □ ○ |
| K 10 | Chiemsee – Simssee ● □ |
| K 012 | Kössen – Zahmer Kaiser 1:30.000 ● □ ○ |
| K 14 | Berchtesgadener Land – Chiemgauer Alpen ● □ △ |
| K 15 | Tennengebirge – Hochkönig ● □ △ |
| K 16 | Traunstein – Waginger See ● □ |
| K 17 | Salzburger Seengebiet ● □ |
| K 017 | Salzburg und Umgebung 1:35.000 ● □ |
| K 18 | Nördl. Salzkammergut ● □ |
| K 018 | Wolfgangsee 1:35.000 ● □ |
| K 19 | Almtal – Kremstal – Steyrtal ● □ △ |
| K 20 | Dachstein – Südl. Salzkammergut ● □ △ |
| K 21 | Feldkirch – Vaduz ● □ |
| K 24 | Lechtaler Alpen – Hornbachkette ● □ △ |
| K 25 | Ehrwald – Lermoos – Mieminger Kette ● □ |
| K 26 | Karwendelgebirge ● □ |
| K 026 | Seefeld (Tirol) – Leutasch 1:25.000 ● □ |
| K 27 | Achensee – Rofangebirge ● □ △ |
| K 28 | Nördliches Zillertal ● □ △ |
| K 29 | Kitzbüheler Alpen ● □ △ |
| K 029 | Kitzbühel 1:30.000 ● △ ○ |
| K 30 | Saalfelden – Leoganger Steinberge ● □ △ |
| K 030 | Zell am See – Kaprun 1:30.000 ● □ ○ △ |
| K 31 | Radstadt – Schladming ● □ △ |
| K 32 | Bludenz – Schruns – Klostertal ● □ △ |
| K 33 | Arlberg – Nördl. Verwallgruppe ● △ |
| K 35 | Imst – Telfs – Kühtai ● □ △ |
| K 36 | Innsbruck – Brenner ● □ △ |
| K 036 | Innsbruck – Igls – Hall i. Tirol 1:30.000 ● □ |
| K 37 | Zillertaler Alpen – Tuxer Voralpen ● △ |
| K 037 | Mayrhofen – Zillergrund – Tuxer Tal 1:25.000 ● △ |
| K 38 | Venedigergruppe – Oberpinzgau ● □ △ ○ |
| K 39 | Glocknergruppe – Zell a. See ● □ ○ △ |
| K 40 | Gasteiner Tal – Goldberggruppe ● △ |
| K 040 | Badgastein – Bad Hofgastein 1:30.000 ● □ △ |
| K 41 | Silvretta – Verwallgruppe ● △ |
| K 041 | Obervinschgau/Alta Val Venosta 1:35.000 ● △ |
| K 42 | Landeck – Nauders ● △ |
| K 042 | Inneres Ötztal 1:25.000 ● △ |
| K 43 | Ötztaler Alpen ● △ |
| K 043 | Naturpark Texelgruppe – Meraner Höhenweg 1:35.000 ● △ |
| K 44 | Sterzing/Vipiteno ● △ |
| K 044 | Passeiertal/Val Passiria 1:35.000 ● △ |
| K 45 | Defereggental – Lasörlinggruppe ● △ |
| K 46 | Matrei (Osttirol) ● △ |
| K 47 | Lienzer Dolomiten – Lesachtal ● △ |
| K 047 | Lienzer Talboden 1:25.000 ● ○ |
| K 48 | Kals – Granatspitzgruppe ● △ |
| K 49 | Mallnitz – Obervellach ● △ |
| K 50 | Heiligenblut – Großkirchheim ● △ |
| K 051 | Naturns – Latsch 1:35.000 ● △ |
| K 52 | Vinschgau/Val Venosta ● △ |

| | |
|---|---|
| K 052 | Ultental/Val d'Ultimo 1:40.000 ● △ |
| K 53 | Meran/Merano ● △ |
| K 053 | Meran 1:25.000 ● |
| K 54 | Bozen/Bolzano ● △ |
| K 054 | Lana 1:25.000 ● |
| K 55 | Cortina d'Ampezzo ● △ |
| K 055 | Tschögglberg/Monzoccolo 1:35.000 ● |
| K 56 | Brixen/Bressanone ● △ |
| K 056 | Sarntal/Val Sarentino 1:35.000 ● △ |
| K 57 | Bruneck – Toblach ● △ |
| K 057 | Antholz – Gsies 1:35.000 ● △ |
| K 58 | Sextener Dolomiten ● △ |
| K 59 | Sellagruppe – Marmolada ● △ |
| K 60 | Gailtaler Alpen – Karnische Alpen ● □ |
| K 61 | Wörther – Ossiacher See ● □ |
| K 061 | Wörther See – Klagenfurt 1:30.000 ● □ |
| K 63 | Millstätter See – Nockgebiet ● □ △ |
| K 063 | Bad Kleinkirchheim 1:25.000 ● ○ |
| K 64 | Villacher Alpe – Unteres Drautal ● □ |
| K 064 | Villach – Warmbad Villach 1:22.500 ● ○ |
| K 65 | Klopeiner See – Östl. Karawanken ● □ △ |
| K 065 | Klopeiner See 1:25.000 ● □ |
| K 66 | Maltatal – Liesertal ● △ |
| K 67 | Lungau – Radstädter Tauern ● □ △ |
| K 68 | Ausseerland – Ennstal ● □ △ |
| K 69 | Gesäuse – Pyhrn – Priel ● □ △ |
| K 71 | Adamello – La Presanella ● △ |
| K 071 | Nonsberg – Mendel 1:35.000 ● |
| K 72 | Ortler/Ortles – Cevedale ● △ |
| K 072 | Nationalpark Stilfser Joch ● |
| K 73 | Gruppo di Brenta ● △ |
| K 073 | Dolomiti di Brenta 1:30.000 ● △ |
| K 74 | Tramin/Termeno – Cavalese ● △ |
| K 074 | Südtiroler Weinstraße 1:35.000 ● □ |
| K 75 | Trento – Levico – Lavarone ● △ |
| K 075 | Baselga di Pinè – Valle dei Mocheni 1:35.000 ● |
| K 76 | Pale di San Martino ● △ |
| K 77 | Alpi Bellunesi ● |
| K 78 | Altipiano dei Sette Comuni ● △ |
| K 80 | Großarltal – Kleinarltal ● △ |
| K 81 | Alpbach – Gerlos – Wildschönau ● □ △ |
| K 081 | Pfunderer Berge 1:35.000 ● △ |
| K 82 | Tauferer – Ahrntal/Valle di Tures ● △ |
| K 082 | Ahrntaler Berge 1:35.000 ● △ |
| K 83 | Stubaier Alpen – Serleskamm ● △ |
| K 85 | Mont Blanc/Monte Bianco ● △ |
| K 86 | Gran Paradiso – Valle d'Aosta ● △ |
| K 87 | Breuil/Cervinia – Zermatt ● △ |
| K 88 | Monte Rosa ● △ |
| K 89 | Domodóssola ● △ |
| K 90 | Lago Maggiore – Lago di Varese ● △ |
| K 91 | Lago di Como – Lago di Lugano ● △ |
| K 92 | Chiavenna – Val Bregaglia ● △ |
| K 93 | Bernina – Sondrio ● △ |
| K 94 | Edolo – Aprica ● △ |
| K 96 | Bormio – Livigno – Corna di Campo ● △ |
| K 97 | Omegna – Varallo – Lago d'Orta ● △ |
| K 100 | Monti Lessini ● |
| K 101 | Rovereto – Monte Pasubio ● △ |
| K 102 | Lago di Garda – Monte Baldo ● |
| K 103 | Le Tre Valli Bresciane ● △ |
| K 104 | Foppolo – Valle Seriana ● △ |
| K 105 | Lecco – Valle Brembana ● △ |
| K 120 | Europäischer Fernwanderweg E5 Teilstrecke Nord: Konstanz – Mittelberg ● |
| K 121 | Europäischer Fernwanderweg E5 Teilstrecke Süd: Mittelberg – Verona ● |
| K 150 | Donauradweg Schwarzwald – Regensburg ● □ |
| K 151 | Donauradweg Regensburg – Hainburg ● □ |
| K 179 | Pfaffenwinkel – Schongauer Land ● □ ○ |
| K 0179 | Bad Kohlgrub 1:10.000/1:35.000 ● |
| K 180 | Starnberger See/Ammersee ● □ |
| K 181 | Rosenheim – Bad Aibling ● □ |
| K 182 | Isarwinkel ● □ |
| K 183 | Freising – Erding – Markt Schwaben ● □ |
| K 0184 | Bad Wörishofen 1:20.000 ● □ |
| K 186 | Oberschwaben – Leutkirch ● □ |
| K 187 | Isny – Wangen ● □ |
| K 188 | Kaufbeuren – Ostallgäu ● □ |
| K 189 | Landsberg/Lech – Ammersee ● □ |
| K 190 | Augsburg – Dachau – Fürstenfeldbruck ● □ |
| K 207 | Wachau – Nibelungengau ● □ |
| K 209 | Wienerwald 1:35.000 ● □ |
| K 210 | Wiener Hausberge 1:35.000 ● □ △ |
| K 212 | Hochschwab – Mariazell 1:35.000 ● □ △ |
| K 215 | Neusiedler See ● |
| K 217 | Südsteir. Weinland 1:35.000 ● □ |
| K 615 | Brixen – St. Vigil – Enneberg 1:25.000 ● |
| K 616 | Gröden – Sella – Canazei 1:25.000 ● |
| K 617 | Cortina d'Ampezzo – Dolomiti Ampezzane 1:25.000 ● |
| K 618 | Fleimstal – Catena dei Lagorai 1:25.000 ● |
| K 619 | Fassatal – Marmolada – Moena 1:25.000 ● |
| K 620 | Monte Antelao – Monte Pelmo – Alleghe – Valle di Zoldo 1:25.000 ● |
| K 621 | Val Sugana – Cima d'Asta – Val dei Mocheni 1:25.000 ● |
| K 622 | Pale di S. Martino – Fiera di Primiero 1:25.000 ● |
| K 623 | Asiago – Sette Comuni – Val d'Astico 1:25.000 ● |
| K 640 | Nice – Monaco – San Remo ● |
| K 641 | Alássio – Impéria ● |

# Titel der KOMPASS-Wanderbücher

## Österreich

901 Reutte-Außerfern
902 Ötztal-Pitztal
903 Zillertal-Gerlos
904 Kitzbüheler Alpen
905 Kufstein-Kaisergebirge
906 Stubaital-Wipptal
907 Karwendel-Rofan
908 Innsbruck-Seefeld
909 Kaunertal-Samnaun
910 Arlberg-Silvretta
911 Bludenz-Montafon
912 Bregenzer Wald
913 Lienz-Osttirol
914 Zell am See-Oberpinzgau
915 Lofer-Saalfelden
916 Salzburg-Tennengau
917 Gasteiner Tal-Pongau
918 Salzkammergut-Dachstein
978 Mölltal-Maltatal-Liesertal
979 Wachau-Nibelungengau
980 Wienerwald
981 Kärntner Seen-Klagenfurt
982 Gailtal-Lesachtal-Karnischer Höhenweg

## Deutschland

920 Berchtesgadener Land
921 Chiemgau-Bayer. Inntal
922 Tegernsee-Schliersee-Bad Tölz
923 Garmisch-P.-Werdenfelser Land
924 Pfaffenwinkel-Ostallgäu
925 Allgäuer Alpen
926 Fünfseenland
940 Insel Sylt

## Italien

950 Vinschgau-Ortlergruppe
951 Meran-Burggrafenamt
952 Südtiroler Weinstraße-Unterland
953 Bozen-Salten-Schlern
954 Eisacktal
955 Pustertal-Tauferer-Ahrntal
956 Dolomiten
957 Brentagruppe
966 Klettersteige Dolomiten-Nord
967 Klettersteige Dolomiten-Süd

# Titel der KOMPASS-Stadtführer

## Österreich

501 Innsbruck-Igls-Hall
510 Salzburg
520 Wien
530 Graz
535 Klagenfurt-Wörther See

## Deutschland

580 München

## Italien

540 Brixen-Klausen
545 Bozen
550 Meran
555 Trento (Trient)
560 Venedig
564 Florenz
568 Rom
572 Siena
575 Verona

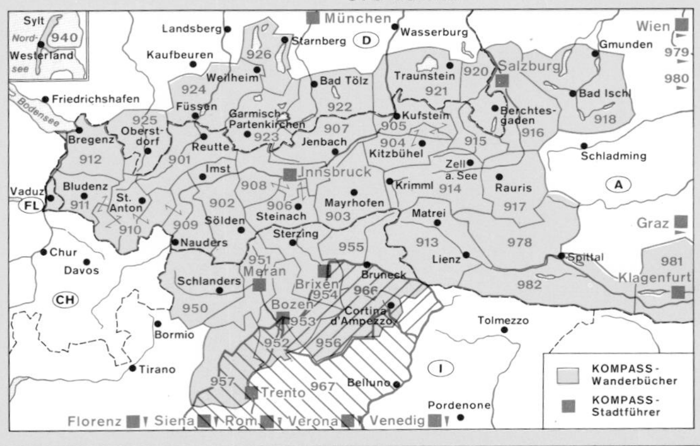